這本書獻給我的另一半與我們的兒子
謝謝你們對我毫無保留的愛

推・薦・序

作家——羽茜

愛就是陪伴、信任、傾聽

身為兩個孩子的媽媽，其實我很少看教養書，總覺得教養書許多都在強化父母的期待，讓父母以為只要按表操課，就能得到符合心願的孩子。而微微老師這本書談的雖然是教養，卻更接近我向來相信的：比教養更重要的，是與孩子的相處。

孩子是獨立的個體，如紀伯倫所說「父母是弓，孩子是箭」，他們只是藉由父母來到這世間，並不是父母的創造。現代的父母卻有太多「孩子做不好，是不是我『教不好』？」的焦慮，凡事都渴望能夠一步到位，反而無法提供孩子成長最重要的——時間，還有信心。

有句話說：「孩子幾歲，父母就幾歲。」這麼說來，當孩子十歲的時候，父母的資歷也不過十年。而人生的階段是不斷地向前推進，隨時有新的狀況在考驗著我們的智慧。陪伴孩子這幾年，我逐漸明白智慧並不是用來檢驗父母教養方式的「對錯」，而是在遇到困難和考驗的當下，能不能放開自己渴望控制因而緊緊抓住孩子的手，給孩子成長所需的時間和空間，也讓父母與孩子之間的愛，能夠自然地流動。

因此比教養方式更重要的，是與孩子的相處，而能夠讓彼此都感受到愛，不急不徐地陪伴彼此成長的相處之道是什麼呢？就是微微老師這本書上說的——陪伴、信任、傾聽。

中華學習體驗分享協會理事長——李忠峯

我與微微老師Vivienne結緣，始於一個微妙的小禮物！當時，我正在為學習基地打點一切準備要開幕，就在前三天收到了一個包裹，裡頭是一部小型的咖啡機，正當所有人都不知道這精美的小禮物來自於誰的時候，我打開包裹中的卡片，是微微捎來的開幕祝賀，說明她因為無法親自到場，所以送了一份小禮。當時候的我其實相當震撼！因為我與微微還沒見過面，充其量也只能算是「臉友」（臉書好友）。這一份禮物對我來說算是很有分量！然而，也因此開啟了我與微微老師之間微妙的情誼。我們同是親子專欄的作者，我們也都受過全腦開發教學訓練，我們更可以說是同行！而在幼兒相關教育領域裡，微微可稱作專家；所以當我知道微微老師將有新書發行，天曉得我有多麼開心且替她感到高興！

微微不只是一位才華洋溢的老師，更是一位身兼數職的母親。本書中一篇篇的教養文章，除了從專業的角度來剖析觀念及做法之外，更從自身的經驗分享來佐證親子關係的經營與教養必須同時存在！微微老師把她身為一個母親的甘苦生活經化作一則則珍貴的記錄。透過這些記錄的分享，我們不難發現微微老師心思細膩、觀察入微的育兒過程。其中一篇〈孩子的黃金成長發育期，怎麼可以想不吃就不吃〉裡頭提到：「了解孩子的想法與心理需求才是解決之道。」雖然我們身為父母親都很清楚，這些教養的經驗並無法符合所有孩子的狀況，但同時我們也很清楚，許多的大人往往在事件當下被情緒給沖昏了頭，根本不曉得如何好好跟孩子溝通、根本不曉得要怎麼樣化解當下的問題。如今我們有了微微老師既專業又溫柔地點出養育孩子生活經驗中的Knowhow，就能稍微喘口氣，慢慢來，舒緩家庭中因為教養問題所衍生的緊張氣氛。

謝謝微微老師誠摯地邀請我為新書寫序，她的文章早已是我必讀而且收藏的標的之一，能夠在她的新書中留下推薦文字是我的榮幸，能夠認識這樣有溫度的老師則是我的萬幸。如今這一本《微慢式教養》出版，我非常確定她將迅速傳遞媽媽們所需要的溫度！這一股暖暖的溫度可以撫慰育兒的辛勞、可以療癒教養的辛苦，更可以產生能量串流全身！只要您願意輕輕地翻開來閱讀。推薦給您～

忠峯

⚘ 推・薦・序 ⚘

青文出版總經理室特助——**陳若雲**

　　妳值得，是因為妳的溫柔和勇敢！！好開心終於等到這一天，幫微微寫新書推薦序，一如她這個人和她所經營的粉絲團，她的書也充滿了一樣溫柔又親切的，照顧孩子每一個行為背後的情緒與用心。微微就是一位這麼溫暖又勇敢的母親。

　　感謝臉書，我試著回到她的粉絲團「棉花糖的晴天暖綿綿」，翻出了一開始和她陌生互動的過程。當時被她文字強烈吸引的我，冒昧地發出私訊邀請她合作，當時我所在的媒體經營的新粉絲團，跟她的粉絲團一樣，只有不到3000人，但是我們因為緣分彼此相信。而後，她就成為作者群中最貼心的那位作者，舉凡活動不但參加，還會克服萬難帶著欠安的身體出席。作者群中任何人發生了任何事，總是少不了她私下深切的關懷和問候，我常常在想，身為她的孩子好幸福啊，邊想著，腦中總是會出現日劇中那個輕聲細語微笑著和孩子互動的媽媽……。

　　愛孩子的微微老師，她是NAC愛的小宇宙——親子故事藝術療癒創辦人，透過兒童藝術和繪畫，觀察孩子內在細微末節的各種問號，她同時是多項國際認證和兒童發展教育專業講師，透過各種形式的肢體互動過程，從外在輕柔撫觸孩子不安的內在。

　　這些專業學習和生命深刻的磨難，成就了這本教養書理性感性並存的智慧，與其說從裡面找到「收服」孩子各種難解行為的魔法，不如說父母們認識了一位懂孩子更懂得你和妳內在不安的好朋友。她會用生命陪伴著你和妳，找到和孩子溫柔交會的那個難忘的瞬間，然後爸爸媽媽們，就會和我一樣開始跟著微微一起，變得溫暖又勇敢，並且帶著滿滿的愛和信心，陪伴孩子於他和她成長的每一天。

　　很感謝上天讓我和微微在茫茫的「臉海」中相遇，感謝我的生命因為她的陪伴，讓我也變得溫柔和勇敢，更感謝她陪著我一起訂下一個又一個困難的目標，然後不怕艱難地一起挑戰，一個我們都不知道會如何，但是我們仍然相信而且始終非常期待的，美好的未來。VIVINEEN微微，我們要一直一直，一起加油喔！

推・薦・序

前資深幼教老師／現職陪伴兒女一起玩耍成長的麻麻——莊美惠

　　很久很久以前……，從此王子與公主永遠過著幸福快樂的日子，但是自從有了小王子、小公主後，便開始了水深火熱的生活？！

　　真心推薦這本教養書給每個家有王子、公主們的國王與皇后。

　　這本書很容易閱讀也很實用，幾乎是每個家庭、每天都會上演的故事，每讀一個故事都覺得心有戚戚焉也讓人瞬間豁然開朗，發現原來真相是這樣的，原來並不是我不夠愛孩子，原來我們可以這樣幫助孩子。

　　很久很久以前，我為了要了解如何生養小孩進入了幼教界，那是一所美語幼兒學校，在那個時代雖然說是開放式的教育，但實質上學到的還是比較偏權威式的教導，在當時也不覺得有何不妥。

　　在任職幼教界的這十幾年裡，自己生養了2個孩子也接觸了上千名孩子與家長，自認對孩子閱歷豐富，也應該對自己的孩子得心應手才是，但事實上，我經常覺得困惑，挫折時而有之。

　　幸好，後來學校來了一位新老師（微微老師），她很特別，跟我之前遇到的老師們不一樣，她對於「對」的事很執著也很堅持，一點敷衍的彈性都沒有，做事努力認真從不偷懶，讓我不禁覺得她是位嚴格的老師。但很新奇的是，她帶的班級孩子，每個人都超愛她，而且每個孩子的情緒發展與行為表現……都很穩定，在面對孩子的各種情緒時，這位老師從不曾大吼大叫過，總是很有耐心地看待與引導。

　　在職場上相識相處，我們成了志同道合的好朋友，那時候，她還是個未婚的女孩兒，我很欣賞她的氣質與懂事，更欣賞她對幼兒的愛心、耐心與同理心。

　　現在微微老師將這些寶貴的經驗以文字故事的敘述方式書寫成冊，相信可以為許多正卡在困惑中的爸爸媽媽們帶來很大的幫助喔！

前·言

給爸媽的話： 調整被禁錮的內心矛盾， 用「理解」陪伴孩子一起成長！

在陪伴教學的這些年，不少爸媽會問：「為什麼妳總是比我了解我的孩子呢？」其實我並沒有什麼華麗的背景或經歷，為什麼能夠理解孩子行為背後所要表達的想法也不是因為特別專業或某種研究理論的套用，而是來自於我童年的經驗與自我理解，在童年所得到的每一種感受都是我成長這一路上最重要的養分。

回憶起在幼兒園時期的我，有一次因為身體極度不舒服想要吐而向老師報告，在講述的過程中忍不住吐了，當我還來不及反應突然嘔吐時，老師立刻給了我一個耳光並抱起我朝門口摔去讓我重重地跌落趴在地上，接著又把椅子丟到我的旁邊要我在教室門口反省。這樣可怕的連續暴力嚇得我哇哇大哭，不過卻也讓老師更生氣地往我的身上拍打並嚴厲地警告我不許再哭了，否則就要告訴我的爸媽並把我趕出學校。當時我害怕到全身麻麻的也不停地發抖，直到現在我都還記得那種感覺。

放學時是爸爸來接我，老師告訴爸爸我在學校不舒服與嘔吐的情況，可是老師並沒有說出她處罰我的事，我牽著爸爸的手不敢看老師，但心中卻是偷偷慶幸著老師沒有跟爸爸說，甚至還有點感謝老師沒有讓爸爸媽媽知道我被處罰的事情。這樣明明害怕卻又覺得慶幸的陌生情緒對於年幼的我來說很難理解，因為我尚未有足夠的能力去分辨是非對錯，在

權威教育下學習與成長的孩子會認為被打罵責罰是因為自己有錯更不敢告訴任何人。

也因為這件事情讓我開始很害怕上學更怕看到老師的臉，聽到老師說話聲音稍微大聲時，全身麻麻的感覺就會再次出現。慢慢地我變得不太敢說話，即使遇到了不得不說的時刻也非常戰戰競競的害怕出錯。

爸爸媽媽以為小時候那個嘰嘰喳喳的女兒長大變文靜了也未察覺有異狀，但是這樣的狀況在升上了小學一年級後就不是用文靜來解釋了，老師常因為我不敢說話而生氣更評斷我是班上的「遲緩兒」並通知我的媽媽。我問媽媽「遲緩兒」是什麼意思，媽媽沒有生氣只是溫和地告訴我「就是上課要再專心一點，就會更好啊！知道嗎？沒什麼事」，隔天，不知道為什麼只有我被安排坐在教室的角落，老師也變得更少和我說話。之後我經常聽到同學們竊竊私語說著遲緩兒就是很笨、腦袋有問題之類的話。「怎麼和媽媽解釋的不太一樣」我心裡有著這樣的疑問，但我仍然相信媽媽告訴我的話。

那段被老師和同學貼標籤的童年其實不好過，有時會莫名奇妙地被紙屑丟到頭、抽屜會被塞滿垃圾或被推落花圃旁的大深溝裡，全身沾滿了污泥也不敢吭聲……。那些年我不得不學會忍耐不哭也不讓家人知道，因為我不知道說了會不會讓老師更生氣或是增加爸媽的困擾。

還好時間能帶走一些不愉快的事而漸漸長大的我回想起過往才真正明白，原來那些發生在我童年時期的事居然是可怕的暴力、恐嚇、霸凌、否定與不被理解，而我竟然在年幼時期就已全部經歷過了，多麼慘痛之後才得到的體悟。只是

在當年那個權威教育的環境裡，孩子永遠不懂也不敢為自己做些什麼或是多說些什麼。

童年成長經驗在經過自我理解後，終於能夠解開當時的無助並不是我的錯，也不再苦苦為此自責自己的表現不夠好。過去的傷反而成為我想為更多孩子努力發聲的動力，因為曾經不被理解，所以我更能同理孩子，也能理解孩子行為背後所發出的求救訊號是什麼並投入協助更多家庭與父母，學著調整視角去理解自己的孩子，協助孩子說出心裡的話並懂得孩子的難處。

在成為母親之後，我選擇將一切歸零和孩子一起成長，重新感受、重新學習並研究進修兒童教育，將原本禁錮在父母心裡的愛解救出來並且放大，希望讓父母心裡的視野更加寬廣深遠。

從事教育的這些年，不難發現父母對孩子的教養不再像從前，懂得稍微停下來觀察也試著去理解孩子，然而在協助家庭的過程中也發現父母雖然渴望也努力讓教養的空間更自由，但其實「心」卻仍然被禁錮也不自由。

很多用心教養的父母會問我：「教養的書我都有買，但為什麼用在自己孩子身上卻一點用也沒有？」其實這才是問題的所在，因為父母總是把重點錯放在如何能夠用簡單又快速的方法解決孩子的壞習慣或錯誤行為。教養是世界上最難的事，更別說有什麼公式可以套用在每個孩子身上，我們總是期許自己的孩子和別人不一樣要或是更優秀，但卻總是追尋著單一速成的教養模式來教養孩子。

每個孩子的氣質、個性、敏感度不同，需要的教養、陪伴的方式和練習的時間、次數也不一樣，敏感度、堅持度高

或是特殊氣質的孩子需要練習與陪伴的時間就會更長。總是輕易地用「教養無效」或是「沒救了」來否定孩子，其實是父母先放棄對孩子的信任，並不是孩子教不來。

雖然同時擁有媽媽和老師的雙重身分，但並不代表專業能夠解決所有教養上的疑難雜症，我也和所有的父母一起在教養路上相互扶持並且努力著。本書從「孩子」的角度出發，希望父母、教育工作者也能暫時放下「父母、老師」的教養矛盾與其身分，站在孩子的角度用孩子的視角去同理、去理解那些曾經被認為冷漠孤癖不擅表達和難搞屢勸不聽的孩子背後的難處是什麼，而我們又該如何幫忙孩子。

愛、傾聽、陪伴、信任是教養最重要的基礎，能夠減少偏見與否定，並且帶給孩子身心健康，在人與人之間的關係也能有更多的正向連結。父母不妨試著問問自己，在一天之中陪伴傾聽孩子的感受想法和命令責罵的比例是多少？為親子之間帶來的是更緊密的情感還是增添了溝通的困難呢？

很榮幸也很開心能夠為「我們的孩子」寫下這本書，不過我想先告訴大家，這絕對不是教養工具書，書裡也沒有任何解決不聽話問題的超厲害教養祕笈。我希望這本書能帶給一直努力卻找不到方向而感到挫折的父母與教育工作者一些鼓勵與支持。

「愛」是父母送給孩子最珍貴的禮物，絕對不是延誤美好人生的阻礙物。傾聽孩子心裡的聲音就能看見孩子的需求，陪伴我們的孩子一起面對所遇到的難處並給予信任讓孩子去嘗試，稍微調整心裡被禁錮已久的矛盾視角就能看見孩子的不一樣。

李祐萱

目·錄

Chapter1 試著讀懂孩子的眼淚

Chapter 2 孩子的需求與自發性反應，不該被認為是找麻煩

Chapter 3 孩子的責任感，別再用「口令」來訓練

Chapter 4 親子溝通從傾聽與對話開始，用「同理」學習互相尊重與理解

Chapter 1

試著讀懂
孩子的眼淚

動不動就哭，難帶又難搞的孩子，到底是怎麼了？

哭泣背後的真相
是孩子需要協助的求救訊號

故事是這樣開始的……

　　新生兒哭鬧不停的時候，除了自己覺得懊惱之外，還會聽到非常多的育兒建議，最常聽到就是「寶寶其實很聰明，一看到媽媽離開，馬上就哭給妳看！」「不要理會他，讓孩子習慣獨立，這樣才會好帶，大人也比較輕鬆省事！」相信還有很多類似的育兒建議，大家應該都不陌生。

　　24小時貼身照顧新生兒的媽媽在這樣身心俱疲的狀況下，無助的心情與難過情緒常常不知不覺地湧上心頭，覺得自己是個失敗的母親、失敗的照顧者。媽媽用了自己認為最好的方式卻還是無法讓孩子停止哭泣的時候，就會開始懷疑自己並試圖尋求和自己不同的另一種照顧方式。

　　倍倍的爸媽就是很典型的例子之一。在懷孕期間，倍倍

的爸爸媽媽為了肚子裡的小寶貝做足了功課，但在倍倍出生後卻發現並不是那麼一回事。倍倍總是哭鬧不停，育兒書裡教的也沒有少做，但就是無法讓倍倍停止哭泣，夫妻倆也因此常有口角，最後在無計可施的狀況下就試著遵循他人給的育兒建議，以「不理會」「就讓他哭到自然停」的方式，但沒有想到卻讓結果更糟糕。

倍倍8個月大，是個堅持度很高的寶寶，套用「不理會」的照顧方式讓倍倍吃盡了苦頭，哭到喉嚨腫痛、脹氣、嘔吐，甚至小臉蛋上也因此出現微血管破裂的大面積紅點，這些都讓爸媽心疼與自責，也開始重新思考到底是哪裡做得不夠好，還是自己做錯了什麼。

故事中的爸媽一定覺得是……

　　滿心期待孩子到來的爸媽絕對不會想到自己的孩子怎麼會是這樣子的，在孩子到來前的幸福泡泡裡，都是充滿溫馨與愛的畫面，因此當遇到孩子總是哭鬧不停時，就難免聯想到難帶、難搞，愛哭的原因皆是孩子本來的個性，所以才讓照顧新生兒這件事難上加難。其實是爸媽心中愧疚與不知所措的複雜情緒需要一個可以釋放的出口。

其實孩子只是……

　　孩子說不出口的需求是最需要被父母理解與同理的。胚胎形成約六週就已發展「皮膚」，同時也是身體最先發展的器官。皮膚是所有知覺器官中最敏感的部分，也佔了身體非常大的組成比例，透過皮膚撫觸能傳達很多情感的訊息，所以倍倍剛離開了在媽媽肚子裡受到滿滿羊水保護的熟悉環境後，怎麼可能馬上適應初次造訪的世界還能無所畏懼呢？

我們可以陪著孩子一起學習，一起成長！

 靜下心來仔細聆聽寶寶的每個不同聲音

剛出生的孩子不會說話，只能盡本能地哭泣來表達，所以常被理所當然地視為是生理需求而非心理需求，這也是最常被爸媽忽略的。吃喝拉撒供應處理完畢並不是「愛」的全部，**任何年齡層的孩子都需要「愛」來建立足夠的安全感與信任感，擁抱與撫觸是最直接傳達的方式之一，透過肌膚經由撫觸能傳遞愛的能量，同時也會產生「放鬆的賀爾蒙」幫助孩子身心健全發展。藉由雙向溫柔撫觸的方式不僅能夠安撫孩子，也能夠讓緊繃的媽媽釋放壓力。**

嬰幼兒的物體恆存感官發展尚未成熟也依每個孩子的特質與敏感度而有所不同，當熟悉的人或物一離開視線就會以為「不見了」、「沒有了」，孩子會因此恐懼而大哭，但當熟悉的媽媽或主要照顧者出現在眼前時，寶寶又立刻不哭了。這完全是孩子缺乏安全感所發出的訊息，可不是因為「精」而對爸媽耍的小技倆，千萬別誤解了你的孩子。孩子需要各種不同的線索來觀察辨別「媽媽是不是永遠不見了？」這樣的學習適應對孩子而言不是那麼容易的，尤其是敏感度或堅持度較高的孩子需要更長的時間，而這段學習適應期的孩子常因此被冠上「很黏人」、「難搞」、「小惡魔」的封號，其實好冤枉也難為了孩子。

 年幼的孩子或許聽不懂，
但是透過聲音表情能夠感受到爸媽的愛

孩子的心理需求沒有我們想得那麼複雜，如果只想用千篇一

律的「不哭就好」的哄騙方式作為和孩子之間的互動，孩子一定會有被忽略的感受而越來越沒有安全感。哭泣有壓力時所產生的恐懼會使腦神經彼此的連結變得薄弱甚至沒有動作，整個大腦也處在滿滿的壓力賀爾蒙裡失去平衡，這不僅阻斷了腦部發展也阻礙生長，在身體健康與未來的人格、社會、情感發展皆有相當大的影響。

每個孩子出生後除了要面對新的環境還要找尋爸爸媽媽，但是要怎麼找呢？在肚子裡那「熟悉」的聲音就是孩子找尋父母的方式之一，爸媽的聲音可以讓孩子安心，這也說明了胎教的重要性，但更重要的是請爸媽「一定要和孩子說話」。

溫柔地看著孩子和他／她說話，也用愛同理、用愛陪伴，愛的連結能讓親子之間的溝通更緊密，孩子有了足夠的安全感才能帶著爸媽給予的愛，無畏懼地開心探索。

家庭教育並非等到孩子懂事才開始建立家庭功能，從孩子出生的那一刻起，就需要父母全心全意地投入愛與關懷，千萬別用廉價的方式買斷這份珍貴的親子關係。

♥ 學習獨立之前，請先幫孩子建立好安全感

孩子的表達是最直接的，所以也不需要拐彎抹腳的愛，收起那些還用不到的教養目標，給予孩子最真誠最直接的愛就對了。爸媽常以訓練獨立做為教養目標來調整孩子仍在摸索與學習的獨特氣質或控管孩子的情緒，可是沒有建立穩固的基礎與正向的依附關係，如何讓總是缺乏安全感、信任感的孩子學習獨立呢？

照顧孩子、與孩子溝通真的不容易也很辛苦，但是如果我們以同理的方式來感受，就能完全理解孩子為什麼要哭鬧，孩子的委

屈和心事其實最需要你來解套呢！父母是孩子最親密也最信任和無可取代的人，千萬不要輕視了孩子對你的信任，甚至對孩子有所誤解，好好地讓孩子感受被愛，未來他／她才有能力去愛去付出。

 ## 照顧孩子的同時，也別忘了聆聽自己的聲音

　　新手爸媽為了讓孩子能夠在最好也最安全的環境中成長，無時無刻全天候的提供不論是生理或是心理上的照顧。我遇過不少求好心切的新手媽媽常常因此陷入不敢離開孩子半步或是不敢睡也不敢上廁所的恐慌裡，長時間處在恐慌的情緒裡不但沒有感受到成為母親後的喜悅，反而更焦慮內心也更加寂寞，有時也為了符合社會或是長輩家人對於「母親該有的責任」的期待，讓身體與心理都遭受巨大的壓力。

　　更多的時候你會發現很多媽媽走不開，也讓自己完全沒有任何餘力去尋求協助。我曾遇到一位媽媽告訴我：「我發現我對孩子的愛已變成了厭煩。」當愛變成了厭煩其實是身心發出的一種焦慮與求救的訊號，一旦感受到自己開始有厭煩或容易生氣的情緒時，一定要懂得尋求幫助。

　　前面有提到爸媽要懂得傾聽孩子的每個聲音，但也需要學會傾聽自己的聲音、照顧自己的需求，沒有人天生就會當父母，學習是長久的累積而非短時間就能達成某種完美。每個孩子都是獨立的個體也有著不同的氣質，**如果你的孩子是比較需要關注或堅持度較高的氣質，除了多點耐心理解與陪伴，你也相當需要有可以支持的人和環境**，例如：另一半、朋友、家人或保姆，讓自己也有彈性的空間去釋放壓力。當媽媽的身心被照顧被傾聽也被理解了，媽媽與孩子、家人的連結就會更好更親密。

孩子的黃金成長發育期，怎麼可以想不吃就不吃？

了解孩子的想法與心理需求
才是解決之道

故事是這樣開始的……

　　忙了一整天的媽媽，照顧孩子又要整理家務的同時，更要緊抓著每個能做事的空檔完成每天做也做不完的事。好不容易暫時將手邊的家務事告一段落後，開始進廚房備菜，準備用美好的料理為大家今天的晚餐帶來更美麗的心情，忙著料理的同時也要看顧著正在遊戲的孩子——一心多用是媽媽的另一個強項能力。

　　料理的香氣滿溢家裡的每個地方，這時爸爸剛回到家，將疲累稍做整理後，陪著孩子一起玩，聽著父子倆的笑聲，媽媽原本因忙碌而不小心皺起的眉頭也緩緩地展開更露出了笑顏。完成晚餐脫下圍裙後，一家三口的餐桌上是熱騰騰的幸福，準備開始享用前，爸爸和媽媽為禮凡（3歲／男孩）先夾好了食物並放在他的面前。

當大家開始吃飯時，禮凡拿著湯匙在桌面上來回地滾動，爸爸提醒禮凡要趕快吃飯，他拿起湯匙放進嘴巴裡咬著，還是沒有吃飯。爸爸又提醒了一次，這次禮凡將咬在嘴裡的湯匙弄得咔咔作響還是沒有吃飯，媽媽抽出口中的湯匙準備要餵禮凡時，禮凡哭了，雙手拍著桌子大聲地哭了。爸爸和媽媽異口同聲地對著禮凡說：「你不好好吃飯在幹什麼，吃飯不可以玩，快點吃！」

禮凡哭鬧了許久還是不願意吃飯，小嘴裡嚷著：「我不要吃！不吃就是不吃！」爸爸生氣地要禮凡自己吃完飯才能離開餐桌；媽媽想讓哭鬧暫停，還是堅持繼續餵禮凡，可是禮凡被餵進嘴裡的食物卻只是含著，一次也沒有吞下。過了一個多小時，爸爸和媽媽雖然意見不同，但還是堅持孩子一定得吃完，禮凡這時反而哭鬧得更厲害了，一直想掙脫餐椅的束縛不斷掙扎著。爸媽也反覆告誡著：「沒有吃完就不能下來！」

這個晚上好不寧靜，被「吃與不吃」的問題來回轟炸著。眼看時間越來越晚，在爸媽軟硬兼施的方式下，終於還是讓禮凡乖乖地把飯吃完，只是在完成這項任務前，禮凡的眼淚和氣惱沒有停下來過。

故事中的爸媽一定覺得是……

辛辛苦苦地做飯，把自己弄得一身狼狽就為了讓孩子吃飽又吃好，孩子居然不肯賞臉要吃不吃的，挑東挑西的壞習慣真叫人生氣。什麼都不吃怎麼會有營養又怎麼長得好，成長發育的黃金期非常重要，怎麼可以任由孩子説不吃就不吃。身為爸媽，為了孩子的健康，不論用什麼方式都要讓孩子吃完每一餐，這完全是為了他的健康著想。

其實孩子只是……

為什麼爸媽總是很生氣地要我把飯吃完？我也有不餓或是吃不下的時候，我也有不敢吃的某些食物，而且有時候我還沒有玩好玩具就要去吃飯了，我只是想要再玩一下而已。我不知道該怎麼辦，因為爸媽説不論如何都要把飯吃完才可以離開餐桌，我覺得壓力好大，一到吃飯時間我就開始緊張也害怕吃飯。

我們可以陪著孩子一起學習，一起成長！

 ## 成為爸媽後的每一天都是不放心

爸媽永遠會擔心孩子是否有吃飽穿暖，深怕孩子的營養不足夠也長不好，而斤斤計較著孩子少吃了多少或少穿了什麼。成為爸媽後的每一天都是充滿擔心和疑慮，所以當孩子在該吃飯的時候不吃飯時，就無法忍受孩子怎麼可以這樣虐待自己，於是那份基於愛的擔心情緒瞬間轉成了氣憤。孩子受的苦在爸媽心中是無法言喻的痛，為了不讓在手心裡呵護著的孩子挨餓受苦，無論如何都會設法讓孩子好好吃飯。

其實孩子的許多反應都是一種保護自我的本能表達，只是爸媽沒發現孩子表達的意思是什麼，光是孩子不想吃飯的情緒反抗就已踩了爸媽的底線，又怎麼會有多餘的空間來妥協呢？這也是為什麼親子之間常常為了吃飯這件事而僵持不下。

孩子不吃飯的原因非常多，排除身體不舒服的原因，剩下的幾乎是爸媽解不開也傷透腦筋的謎題。但不可否認的是，孩子越小，與爸媽之間的溝通方式通常是以遵從權威且單向的方式進行，孩子不擅表達所顯現的行為當然也就不會被爸媽所接受。

「為什麼不吃飯」的原因要設法找出來才有意義，如果只把重點放在如何讓孩子吃下肚才是真正問題的所在。有些孩子不吃其實是吃不下，並非真的和爸媽唱反調。以下是常遇到的四大類實際狀況，了解後就會發現孩子真的不是故意要惹爸媽生氣。

66 【孩子不吃飯的四大類常見狀況】 99

一、生理性與心理性的因素

❶ 身體不適（發燒、感冒、過敏、打預防針⋯⋯）與服用藥物的副作用

❷ 害怕食物的特殊口感、顏色、溫度、形狀、觸感與味道

❸ 對於新事物（食物）不感興趣也不願意嘗試

❹ 環境或人事物的改變（換了主要照顧者、新環境、家庭氣氛）

❺ 情緒、壓力與身體疲憊

二、尚未做好心理準備

❶ 孩子正在做的事情突然被中斷（玩、畫畫、看書、看電影）

❷ 突然增加或減少用餐量或是新的料理方式

❸ 用餐時段提早或延後

❹ 階段性餐具的轉換期

三、天生氣質與體質差異

❶ 每個孩子的食量不同或是吃不下

❷ 較無法專注於沒興趣的事物

❸ 喜好分明、堅持度高

❹ 在某個特定時段或環境進食引起身體不適（剛睡醒、暈車）

四、過往的經驗與錯誤的飲食習慣

❶ 常給予零食或飲料當點心與攝取過量的糖分

❷ 經常以油炸物、速食為主食或正餐與蔬果量攝取不足

❸ 用餐時間較不規律、邊吃飯邊看電視

❹ 過往有不好的用餐經驗導致心生恐懼（曾因不吃飯被責罰、被強迫餵食）

💗 觀察＋同理＋鼓勵表達＋認同支持＋再試一次

　　孩子和我們一樣也會因為不同的生理與心理種種因素導致吃不下或是不想、不敢吃，我們有選擇的權利並遵照自己的意願，但是孩子卻沒有討價還價的空間，如果孩子真的表達了「現在吃不下」的想法也還是會被爸媽否決甚至被責罵，想一想其實這樣的壓力真的無法讓孩子享受食物帶來的美味，也讓孩子更害怕進食。

　　當孩子正認真地做某件事情時（玩、畫畫、看書……），都是孩子練習專注力與建構邏輯能力的重要時刻，試想如果我們正專注於自己很熱愛的事卻突然被中斷又被強迫著立刻去做其它的事，我想那樣的心情絕對不會多開心，孩子當然也會有一樣的感受。讓孩子保有學習與探索的熱情，千萬不要任意中斷孩子的學習熱情。

　　每天的作息與行程爸媽一定比孩子更清楚，爸媽可以先預告孩子用餐的時間，孩子還未有時間概念也沒有關係，可以利用指針式的時鐘帶孩子了解或是階段性地提醒孩子，例如：起床後會梳

洗、上廁所、更衣、吃早餐……，把這些階段性的事轉化成每一段孩子能夠理解的時間，並在完成後或即將開始每一個階段的事情時提醒孩子，孩子經由這樣階段性的提醒練習可以建立時間的概念，也能了解時間不會重來，要珍惜時間。當孩子做好了心理準備也能做好自己收心的調適，思考也就變得更有彈性。

孩子不吃飯的情況常常發生也常困擾著爸媽，我們可以觀察孩子最近的情況，如果可以幫孩子做飲食記錄會更好，也能找出原因協助孩子。當孩子表達不想、不敢吃的時候，我們可以先同理孩子也有不吃的心情或是真的吃不下的情況，引導孩子說出內心的想法後給予認同，讓孩子也能夠擁有「為自己做選擇」的權利，並鼓勵孩子多嘗試不同的食物，即使只有一小口也都要給予肯定；陪著孩子再試一次而不是強迫孩子只能有一次的適應機會。

親子共食共學，從遊戲中創造愉快的用餐氣氛與愛的溫度

帶著孩子一起捲起袖子進廚房做料理，帶孩子認識食物的原型、營養與對身體健康的影響，利用遊戲的方式請孩子幫忙他／她能力範圍內可做的事，在邊玩邊學的體驗過程中，孩子對於正確飲食與愛惜食物也會越來越有概念，享受自己也有參與料理的用餐過程，增加對食物與用餐的愉快經驗。

較年幼的孩子用餐時也能增加趣味的迷你互動遊戲（例如：「小飛機飛啊飛，飛到機場玩遊戲」，此時將食物餵進孩子口中），學齡前的孩子可以尋線索找出食物的寶藏等等的互動用餐小小遊戲，讓孩子喜歡上用餐這件事，期待用餐的享受，慢慢地對於

用餐的連結就不會是恐懼和抗拒，爸媽也不必和孩子為了吃與不吃僵持不下。

「味覺」也是很重要的感受教育，讓孩子學習表達感受與想法，更能減輕對食物的恐懼。觸覺敏感的孩子在飲食上的要求甚多，許多食物的口感對孩子來說是一種無法表達的陌生、可怕感受，所以自我防禦會較強烈，難免會讓父母難以捉摸或是生氣。這些並非是妥不妥協的問題，因為沒有一個孩子願意如此，多了解孩子的想法與心理需求，可以得到和以往不同的正向結果。孩子需要父母更有耐心的陪伴與理解，在互相學習和不斷練習的過程中，衝突與責備就不再是每一次用餐的不定時炸彈。

「什麼時候或是幾歲才會好好吃飯？」是我經常被問到的問題，但是這個問題真的沒有正確的答案，不論是爸媽或是孩子都需要長時間或更長時間的練習，這個過程真的難熬，也常會有耐心快被磨完瀕臨崩潰邊緣的心情。爸媽辛苦了，不過請繼續加油不要輕易放棄，陪著孩子一起渡過。因為在每一次的經驗與練習後能夠促進孩子的身心健康發展與親子關係的正向成長。

愛打人的壞小孩，其實一點也不壞！

孩子錯誤行為背後的真相
最需要爸媽用心理解

故事是這樣開始的……

　　媽媽到幼兒園裡接妮妮（3.5歲／女孩）時，老師告訴媽媽：「妮妮在學校又動手打同學也不願意道歉，已請妮妮反省，最後也請妮妮和同學道歉，希望媽媽回家能夠多多注意妮妮的行為。」「真的很抱歉，我回家一定好好地管教妮妮。」媽媽自責地向老師道歉並急忙帶妮妮回家。

　　在回家的路上妮妮沒有說話，只是安靜地聽媽媽的訓斥，但也因為這樣默默不語的反應讓媽媽更生氣，媽媽問：「誰說妳可以動手打人的，妳為什麼又打人，妳到底在想什麼？妳又欠打了是不是？現在問話都不會回答了是嗎？我是怎麼教妳的？妳實在太沒有規矩也太沒有禮貌了。」

　　妮妮抬頭看著媽媽並搖搖頭，想表達自己並不是像媽媽

說的那樣，但正在氣頭上的媽媽只看到妮妮試圖辯解，「我實在是不知道該怎麼教妳了！」媽媽邊走邊數落。

回到家後，媽媽要妮妮罰站到爸爸下班。晚上爸爸下班回家聽到媽媽說起妮妮在學校的事也很生氣，因為這不是妮妮第一次動手打同學了。爸媽生氣又無奈地說：「妳為什麼上學就變壞了，居然會動手打人，難道妳不知道被打很痛嗎？」妮妮想告訴爸媽原因，但才說了「因為」二字就馬上被爸媽打斷表達的機會。

經過一番教訓後，爸媽認為妮妮打人是因為不知輕重，所以要妮妮把雙手伸出來領一記板子，「讓妳痛才會知道，被打的人也是這麼痛」爸媽語重心長地對妮妮說。

妮妮哭了，而且哭得很傷心，爸媽抱著妮妮安慰她：「我們也不願意這樣打你，妳真的要乖，不要再亂打人了，這是不對的行為。警察如果把妳抓走，妳就再也看不到爸爸媽媽了，妳知道嗎？」

隔天早上送妮妮到幼兒園時又再次叮嚀：「記得昨晚我們約定好的，不可以再亂打人，不要再讓我們丟臉了喔！」

「嗯！」妮妮點點頭就轉身換上室內鞋進教室。媽媽也和老師談到了昨晚有好好輔導妮妮的不良行為，希望老師幫忙多留意妮妮的在校狀況。

故事中的爸媽一定覺得是……

　　這孩子不知怎麼搞的，平日在家很文靜，自從上了幼兒園後就常有動手打人的情況發生，講也講不聽，明明做錯事還想要否認也不想道歉。每天去學校接她時都緊張兮兮地怕老師又跟我們反應她的在校行為，動手打人就是不對，今天如果放任她使用暴力，以後不就無法無天了嗎？用說的沒有效用，用打的方式或許就能記住「痛」的感覺也謹記在心，日後就不會再犯了，這是逼不得已的方法，也是為了她好。

其實孩子只是……

　　我不喜歡同學拉我頭髮上的蝴蝶結，於是我推開同學，但同學卻打了我的肩膀，所以我也要打回去，但是他卻先跑去和老師告狀，最後老師要我罰坐不能出去玩。為什麼同學可以打我而我卻不能打回去，如果我不乖也會被爸媽打，為什麼同學不乖我不能打他呢？

我們可以陪著孩子一起學習，一起成長！

 **當孩子最需要爸媽協助時，
為什麼要用憤怒回應呢？**

當孩子有動手打人的行為時，爸媽氣都來不及了，只想著當下要怎麼教訓這個無禮的孩子，哪裡還聽得進去用愛溝通或是慢慢引導，最快的方式就是責罰才能讓孩子好好地記住。孩子動手打人的確會讓爸媽擔憂、生氣，甚至無法理解孩子怎麼會有這種暴力的行為。

爸媽憤怒的情緒是可以被理解的，因為我們會開始懷疑自己是不是教得不好也自責沒有多關心孩子。其實那都是很正常的情緒反應，導致自我懷疑也慢慢開始否定孩子的一切，因為似乎用否定孩子的方式就能找出動手打人的確切原因，也讓爸媽心中的疑慮消除。（例如：孩子個性本來就固執難以溝通，所以才動手打人。）

爸媽往往最先看到孩子的錯誤行為，一時無法接受而勃然大怒，這些憤怒的心情都是可以理解的。爸媽都是愛孩子的，總是想盡辦法要對孩子更好一點，只是在特殊的情況下，我們會因為比孩子更明白是非對錯而在意孩子錯誤的行為，所以當孩子發生錯誤行為時，就會急著更正或防範錯誤，卻忽略了最重要的問題本身究竟是什麼。孩子的不當行為其實是一種求救訊號，也代表著非常需要爸媽的協助與理解。如果爸媽總把憤怒放在問題的前面來看待問題本身，那麼情況就會像是火上澆油般越來越棘手。

本能反應與後天環境對孩子行為的影響

　　年幼的孩子對於是非對錯的認知能力與語言表達尚不成熟也不夠完整，往往在無法保護自己權益的緊急時刻會出現最直接的肢體與情緒反應，例如：哭泣、生氣、跺腳、打人等。其實這些都是孩子的自我防禦能力，只是社會能力尚且不足，容易混淆人與人相處之間的界線，但這卻也是孩子需要學習的一種能力。

　　爸媽常會有一種百思不得其解的疑問：「奇怪！我的小孩在家都很乖，怎麼開始上學了就會打人？」孩子的學習行為完全來自於爸媽與家庭環境，當孩子有打人的行為發生時，爸媽可能要先想一想，平時與孩子的相處與管教模式是否常鼓勵暴力呢？當孩子表現欠佳是否曾遭受過不當體罰？當爸媽的管教是使用打罵的方式，那麼孩子就不會覺得打人是不對的，因為在孩子的認知裡，「不乖」就應該被打，沒有什麼好可怪的，所以當孩子一進入學校學習時，就會很自然地以這樣學習到的觀念套用於人際相處上。

　　每個孩子喜歡玩的遊戲不同，有些孩子（不一定是男孩或女孩），喜歡玩攻擊性與速度感的遊戲，這並沒有什麼不對，只是在少子化社會中，教養方式已變得更加細膩，因此有很多爸媽、長輩或是主要照顧者容易誤解「尊重孩子」的本意而一味地順從孩子。當孩子的打鬧過了頭，我們就應該要以溫和堅定的方式即時提醒並且告知其危險性與適合遊戲的恰當方式（保護自己與他人），不能因為孩子年紀小就順從他所有的行為或是告訴孩子沒關係。

錯誤行為背後的真相最需要的是理解而不是誤解

　　讓教養方式更有效率是爸媽一直以來所追求的模式，一旦發現孩子有行為問題時，常會以最快速的方式來「解決」，但往往最重要的核心問題卻被活埋在最深的心底不見天日，長期累積的壓力一旦爆發就很難收拾，而傷害的也不只是表面看到的那樣簡單。當孩子覺得無法被理解時，也可能因此認為有心理需求是不被允許的。打人，絕對是錯誤的行為也需要更正。但「打人」是最後的結果，事出必有因，在最前面的主要原因是什麼也需要父母抽絲剝繭一層一層地找出來，才能將整個事情的原貌重現，如此才能釐清是非對錯也不會誤解了孩子。

　　故事中的妮妮因為剛入學對於新環境不熟悉，碰上了與同儕的相處問題自然無法自行處理，校園裡的老師因為忙碌未看到整件事情的經過，也未去徹底了解原因而誤會了表達能力不佳的妮妮，接著又轉告妮妮的爸媽，將整個錯誤一次又一次地循環。在孩子的心裡只會留下傷害，漸漸地也不想說出心裡的話，因為沒有人在乎事情的真相是什麼，只要有人來承擔最後的結果即可，而孩子只要接受處罰並且好好地道歉，事情就會圓滿地落幕。

　　孩子與同儕的互動中一定少不了碰撞、意見不合、不愉快、吵架或是鬥嘴，但卻是成長過程中不能被忽視的人際關係學習，不論是打人或是被打的一方，都是需要爸媽和師長協助找出真正的原因也才能讓孩子學會自我審視、自我反省並能夠清楚表達情緒與想法。

　　「打人的孩子」需要被理解行為背後的訊息進而幫助孩子使用正確的溝通方式，而「被打的孩子」更需要被同理感受並釋放情

緒，很多時候教養者總會要求被打的孩子在經過打人的孩子道歉後就要馬上說「沒關係」，但孩子受傷難過的情緒沒有辦法在短時間內就雲淡風輕，怎麼能強迫孩子忽略自己的感受並馬上釋懷呢？這樣的處理方式看似皆大歡喜，其實只會讓孩子的心更加慌亂與不知所措。

霸凌者、被霸凌者、加害者、被害者，無論是哪一種，我們都不願意讓它發生在孩子的身上。教孩子認識如何設立界線保護自己也尊重他人很重要。讓他們在很小的時候藉著學習來調整自己的行為，爸媽可以透過溝通與情境引導協助孩子有更深刻的體會，在不斷練習下，孩子能培養自我管理與思考判斷的能力。

孩子成長中的每一個生活小細節都是未來人格發展的關鍵，別輕易讓任何可以改變的機會溜走，認真對待孩子的大小事以及考慮可能會帶來的影響，縱使結果不一定是最完善的，但卻讓彼此有了反思的機會。

屢勸不聽？！孩子是不是真的無法溝通？

爸媽請先控管好自己的情緒，因為每個孩子都值得被愛與尊重

故事是這樣開始的……

　　星期六上午，爸媽帶著小郁（5歲／男孩）一起參加朋友的聚會。這次的聚會是在一間排了好久才預約到的義式餐廳，所以大家特別地期待。當所有人入座後，大人們開心地討論著哪些餐點是最多人推薦的，一群人熱熱鬧鬧在歡笑聲中完成了點餐。

　　在等候餐點上桌的這段時間怎可讓歡樂暫停呢？大人們互相問候彼此的近況也和孩子們玩了起來，讓候餐的這段時間變得更有樂趣。這時爸媽小聲地提醒小郁待會兒用餐該注意的禮節，並將溼紙巾遞給他擦手。

　　期待的美味佳餚終於上桌，大家迫不及待地交換菜色品嚐，小郁也拿到了媽媽分配好的餐點。這道起司義大利麵是

小郁最喜歡的口味，還沒等到媽媽提醒就一口接著一口吃完了，還向爸媽神氣地炫耀吃飯很專心所以一下子就吃完了！爸媽也稱讚小郁的表現真的很棒。

吃完餐點的小郁表示想離開座位和同桌的巧芯（4歲）玩，於是小郁的爸媽和巧芯的爸媽更換座位，讓兩人坐在一起玩。小郁和巧芯都拿出自己帶來的玩具分享給彼此玩，過了一會兒小郁開始覺得無聊，於是拿著飛機要離開座位並繞著餐桌跑了起來，這時小郁的爸媽提醒小郁不能在餐廳裡奔跑。

不過因為爸媽們沉浸在相聚的歡笑中，一時沒注意到小郁又再次離開了座位開始跑來跑去。突然「砰」的一聲吸引了大家的目光，才發現小郁因為在餐廳奔跑碰撞到送餐人員，而餐廳裡用餐的其它客人們也開始對著孩子指指點點著。

小郁的爸媽雖然非常生氣但立刻向送餐人員道歉，在協助清理打翻的湯汁後將孩子帶回座位教訓了一頓。此時隔壁桌的客人連忙提醒著：「小孩子怎麼可以在餐廳跑來跑去呢？不知道很危險嗎？你們看，剛才都打翻餐點了，不可以這麼調皮喔！」這句提醒讓原本就在氣頭上的爸媽更加生氣了。「還敢哭，做錯事還敢哭，看看你有多丟臉！」爸爸很生氣地拉著小郁到餐廳門口罰站反省並且向剛才的送餐人員道歉。

「你再哭大聲一點啊！讓大家都知道你在哭！」爸爸依然生氣地指責被罰站的小郁。

故事中的爸媽一定覺得是……

出門前再三提醒的事總是不能做好，已經是大班的哥哥了卻還像是個幼幼班的小朋友一樣，做出很幼稚又讓人生氣的事。好不容易和朋友相聚卻又被這孩子搞得灰頭土臉，明明講過不能在餐廳裡奔跑卻還是把我們的話當作耳邊風，「乖乖坐好」有這麼難嗎？真擔心是不是過動症啊？

其實孩子只是……

一直坐著覺得好無聊也聽不懂大人們聊天的內容，我只是想要下來走一走而已，沒有真的一直跑，而且我真的有很小心不要撞到人，只是在轉彎的時候沒看到正在送餐的叔叔，一不小心就撞上了。餐點掉在地上讓我覺得很害怕也很對不起大家，可是我真的不是故意的。爸爸在好多人面前大聲罵我，我覺得好丟臉。

我們可以陪著孩子一起學習，一起成長！

♥ 放縱孩子並不是真正的尊重與自由

探索是孩子最原始的能力，不應該強迫孩子在這個年紀就要學會看他人的眼色而放棄探索的學習機會。充滿好奇才能突破框架，讓創造力無限發展，而這不就是我們期望孩子擁有的探索學習嗎？既然如此，那又為何突然不能接受或是厭惡孩子帶著的好奇與探索呢？孩子充滿好奇想探索的心是最珍貴的學習動機，只是常在爸媽的約束下慢慢地被忽略而萎縮了。

故事中熟悉的用餐情境相信爸媽們應該都不陌生，帶孩子出門用餐時就像是備戰一樣，要豎起每條神經，拉起警報好好盯著孩子有沒有亂來，也因此對孩子下達必須絕對遵守的命令。沒有錯，孩子本來就應該學習依其發展所需的規範與社會團體秩序，所以更需要明確知道什麼行為是被允許，什麼行為又是不被允許的，尤其是在家以外的任何場所，因為這關係到尊重他人與生命安全的議題，可不能得過且過或睜一隻眼閉一隻眼。

「有啊！有啊！我都有尊重孩子，但孩子還是一樣不聽話。」很多時候會遇到爸媽在尊重與放任之間迷了路也感到迷惘，完全尊重孩子會讓孩子無法分辨事情的輕重，也會讓爸媽的管教變成一種玩笑。尊重的前提是孩子要先學會「自律」，否則一切都只是紙上談兵。

孩子對於任何環境都需要時間練習去適應、去融入，而爸媽常會認為用指令的方式管教就能讓孩子學會規矩，「不要再跑

了」、「不要再玩了」、「不要再這樣做了」這些指令句如果能達到真正的效用也就不會變成「你再跑跑看」、「你再玩玩看」、「你再這樣試試看」的威脅句了。以上這些很明確的禁止語句確實簡單明瞭，可是對孩子來說像是個尚未完成的句子，所以孩子會想去找答案或是再試一試「然後呢？會發生什麼事嗎？」而當孩子真的去驗證答案時，就足以讓所有爸媽抓狂。或許也有些孩子會在爸媽下達第一次指令時就順從，但其實並不是真的了解爸媽說的意思，孩子只是因為被大聲斥責而不得不聽話，但心裡可能不懂也不認同爸媽的管教方式，所以才會讓爸媽傷透腦筋也認為孩子在挑釁爸媽的底限。

跟孩子一起練習與整合，也鼓勵孩子思考每件事情的本質

讓孩子遵守規矩並非用恐嚇威脅的方式，因為孩子處在恐懼、緊張、羞愧的壓力中會讓大腦暫時斷電，呼吸也無法順暢，這就是大人們常說的嚇到全身發麻、腦中一片空白不知道該怎麼辦。孩子也一樣，在所有壓力集聚時，會讓他們無法思考也無法做出任何反應。有些爸媽可能會這樣認為「就是要嚇嚇孩子才知道會怕」，但「被嚇大」的孩子長期因為思緒被恐懼佔據而導致在應對未來的各種挑戰或困難時容易退卻甚至逃避。

陪孩子了解遵守規矩前，請先引導孩子思考每件事情的本質，才能夠幫助孩子整合判斷與思考！

【爸媽可以這樣做】

★ 即使沒有親子聚會也要在平時外出時多做應對練習。

★ 使用繪本或是玩具與角色扮演讓孩子的思考連結具象化。

★ 練習有效的對話，將溫度釋出讓對話進到孩子的心裡，別再用威脅恐嚇對付孩子（換句話説）：

> X 你再跑試試看，等一下跌倒看你怎麼辦！
>
> O 這樣跑會跌倒也影響他人更容易有危險發生，所以請你不要在此奔跑。
>
> ....
>
> X 你還再玩，就要吃飯了。
>
> O 我們一起去洗手準備吃飯，待會兒我再陪你一起玩。
>
> ....
>
> X 你到底要講幾次才會聽？
>
> O 剛才有提醒過好幾次是不是玩得太開心忘記啦？請你小心再留意一些，如果你又忘了提醒自己，為了不影響他人和安全上的考量，我必須帶你先離開。

★ 爸媽和孩子事先做好約定也別忘了務必遵守約定，別因為急著停止孩子的不當行為而用交換條件的方式妥協。如果孩子在提醒之後仍然無法遵守約定，那麼請堅定溫和地告訴孩子並暫時將孩子帶離現場。

★ 每一次參加聚會後，都要協助孩子整合當日的活動記憶，讓孩子更能適應每種不同的環境。

在配合爸媽整天的聚會行程後也要謝謝孩子能夠照顧好自己不讓爸媽擔心，更讓聚會有了美好愉快的結尾。自由奔放與到處探索是孩子與生俱來的天性，勿視孩子乖乖配合為理所當然，別忘了也要讓孩子適度地釋放一整天的緊繃。

♥ 爸媽也要學著認識自己並控管好自己的情緒

帶孩子出門最害怕的就是孩子會因為各種不可預期的狀況而哭鬧，也讓場面不小心失去控制。而偏偏在公共場合總是有和自己教養理念不同的人會指指點點，丟出那些爸媽來不及反應的教養意見，通常這也是爸媽最力不從心的時刻，因為別人的眼光就好像是把利劍插在身上那樣地難受，彷彿是在責備爸媽的無能，所以容易覺得羞愧，心裡更是感到無比自責與難堪，因此無法在當下理解與原諒孩子所造成的錯誤。如此複雜的情緒在心中糾結難解，在混亂中把應該要有的教養立場與失控情緒全部攪在一起，又重重地拋在孩子身上，讓孩子承受沉重也不屬於他的情緒壓力，不只孩子很害怕，爸媽的心裡其實更難過。

爸媽要學會不用太在意別人的眼光，也試著了解自己的想法並控管好情緒，別讓情緒壞了親子關係。每個人的教養方式不會一樣，謝謝他人的指教即可，不必遷怒於孩子讓孩子無所適從或留下不可抹滅的陰影。

手足之間根本沒有所謂的「公平」？

「愛」不該因為差異而所有不同，不一樣才最好。

故事是這樣開始的……

「你們二個吵夠了沒，到底是想怎樣？要不要去外面打一打再回家，整天吵吵吵的真的很傷腦筋。還有可恩（6.5歲／哥哥），你就不會讓一下可惠（3.8歲／妹妹）嗎？你一定要這麼自私嗎？」媽媽對著正在吵架的兩兄妹大吼著。

兄妹倆拉扯中的手暫停並望向媽媽沒有說話，但是氣憤的心情從臉上就能看得出來。「還不放開？是不是？」媽媽非常生氣兩兄妹居然沒有要放開的意思。

「我不要！」可惠又拉扯得更用力了。
「還我！還給我！」可恩不甘心也不願鬆手。
「你們二個太過分了。我數到三，快給我放開，否則我二個都罰。」

「是哥哥啦！」「是她先搶我的車子……」兄妹倆誰也不讓誰。

媽媽拉開兄妹倆並分別罰站不能吃點心，可恩則是另外加罰抄寫「對不起，我以後會做好榜樣」30遍。罰站半小時後兄妹倆已經冷靜下來了，但還是不想跟對方說話，而看到哥哥被罰寫的可惠還幸災樂禍地說：「誰叫你剛才不給我！」

可恩聽到妹妹幸災樂禍的嘲笑再也忍不住走過去推了可惠一把，可惠哭著大喊「哥哥推我」，媽媽看著才剛處罰完的兄妹二人又開始起了糾紛，心中的氣憤又再度升起怒視著可恩要他進房間反省不能玩玩具。「妳的脾氣也要改一改，有沒有哪裡受傷呢？」媽媽扶起跌坐在地上的可惠。

「你反省了嗎？知道自己錯在哪裡了嗎？」媽媽在房外問著。被罰進房反省的可恩沒有哭也不願意道歉，「每次都是可惠先不對，我不要道歉，我最討厭最討厭的人就是可惠了。」可恩重複地唸著累積在心中已久的委屈。

晚上爸爸回家後聽了媽媽轉述兩兄妹在家的情形也認為可恩太倔強，即將要升小一的孩子如果這個性不改，之後會有很多與同儕之間的問題，於是和媽媽商量著要利用可恩升小一前的這個暑假好好地訓練「挫折忍受力」並減少他玩的時間，增加靜心的時間。這個暑假的手足戰爭讓爸媽傷透腦筋，也讓可恩與可惠之間的距離又更遠了些。

故事中的爸媽一定覺得是……

　　一打二的生活真的已經夠累了，如果還要面對吵不停、打不完的孩子，即使有再多的耐心也會被磨到消失殆盡。我知道手足有爭執很正常，不過試了好多方法還是無法解決，有時可恩會說我們不公平，但那是因為每個階段的孩子都要學習不同的東西，所以稍微「禮讓」可惠是在訓練可恩對妹妹的責任感，並不是偏心。

其實孩子只是……

　　我永遠都不可能比可惠小，所以我永遠都要讓著她，這樣太不公平了。為什麼我是哥哥就不可以和妹妹計較，明明就是可惠先調皮拿走我的東西不還，我才會那麼生氣想要把我的東西拿回來。可惠不放手，我也要抓得緊緊的不被搶走，沒有經過我的允許就搶走玩具本來就不對，在學校老師也有教「未經允許拿取他人物品是錯誤的」，為什麼回到家妹妹就被允許亂拿，我不喜歡被罰！

我們可以一起這樣幫助孩子！

年齡不可逆，是所有長子與長女的遺憾？

「讓」這個字是每個身為老大的終身遺憾，年齡不可逆的事實潛藏了好多不成文的小規則，例如：身為老大就應該不要計較、不要生氣、不要起爭執、不可以亂生氣……，好像全都是當老大應該要有的責任感，否則就不符合大家對長子、長女的期待。

「讓」，也是一種手足比較，背後隱藏著的危機就是，要孩子先學會放棄並且不能處理自己的感受直到完全接受。寫到這裡不禁替身為長子、長女所背負的責任感到相當無奈。如果可以當個快樂又自由的爸媽，誰會想成為那個破口大罵、大吼大叫的爸媽呢？在孩子未出世之前，相信爸媽不會預想到手足天天吵架的這一幕，所以當真正遇到了就會忍不住變成吼爸吼媽。

生活裡有來自四面八方的壓力，很難不讓人緊張焦慮，當急著要處理自己的內心之亂又碰上孩子們的戰爭時，根本無法平靜緩和地面對也難接受孩子們的失控，孩子的失控似乎是在提醒爸媽「孩子將來長大會長壞」，所以必須嚴厲指正才能讓心中的巨石放下。

手足之間一定會有個性差異，也因此需要練習相處，該不該讓的問題不應該是由爸媽來強迫。孩子是獨立的個體，有自己的想法與思考能力，當另一方有錯誤行為時，不能夠依照年齡來區分做出誰應該要讓、誰應該別計較。在手足發生爭執時，應該要先了解情況再釐清彼此的責任，錯誤就需更正，不該由年紀大的孩子承擔過錯。

可恩與可惠的爭執主要是因為可惠搶走了可恩的東西不肯還，於是互相拉扯誰也不讓誰。在可恩的心裡認定這是可惠的錯不能妥協，但看在媽媽眼裡卻是愛計較、沒有責任感的兄長，即使知道可惠有錯在先，也因為可恩的年齡較長而要可恩拿出做兄長的態度禮讓妹妹，為了培養可恩的責任感又額外加重了處罰，這在可恩的心裡造成非常大的震憾，也累積了許多抱怨，更有一種不被理解與被背叛的憤怒情緒。

每一次的爭執都是手足彼此練習的機會教育，請掌握以下重點協助孩子所遇到的困難：

⭐ 爸媽先觀察發生爭執的主要原因

⭐ 傾聽彼此別急著改變孩子的想法

⭐ 不因年齡差異而有所偏坦或放任

⭐ 引導孩子們說出整個過程與感受

⭐ 思考爭執的原因並討論應對方式

⭐ 讓彼此靜心並反思該如何做調整

⭐ 鼓勵孩子多練習應對溝通的技巧

孩子都希望在遇到任何危機時能得到爸媽的協助，而不是加重孩子的罪惡感。爸媽要有耐心去觀察與了解其原因，別急著動口動手處罰或拉開，這是手足之間必須相互學習的重要過程，如果每一次都想快點結束爭執就急著立刻拉開彼此，下一次的爭執一定很快又再次發生，因為孩子們還沒有應對的能力就會用最直接的情緒

反應來面對爭執，而爸媽也就越來越嚴厲，處罰也跟著加重，但孩子卻仍然不知道該怎麼處理手足之間的爭執。

💙 吵架了，別急著要孩子馬上和好

任何負面的爭吵、爭執在爸媽眼裡都是不被期待發生的情況，所以在孩子們發生爭執過後會希望負面的一切快點遠離，於是要求孩子要馬上和好，好讓事件有了皆大歡喜的結果。這是表面的和好，其實孩子心裡可能並沒有完全釋懷，只是順從爸媽一直以來的管教，認為對方說了對不起就應該要立刻原諒。

孩子較沒有自行處理紛爭對立的情況，也不知道如何整頓內心複雜的情緒，他們或許不會特別表達什麼，因為確實也得到了對方道歉的回應，不過這也容易誤導犯錯孩子只要向對方「道個歉」就沒事也不用負任何責任，因為道過歉了，對方就應該要表示原諒。

也許是因為傳統教育思維的影響，總認為教養就該有一個風格強烈的形式與嚴厲的因素才能夠將教養呈現出完美的力道；而以觀察的引導方式就顯得太緩慢也看不到立即的成效。其實我們都錯了，教養就該細水長流，才能觀察細節並找正孩子真正的困難點在哪裡，急流勇進想要很快速地到達目的地，容易不自覺地撞得滿身是傷。

孩子表達的所有好的壞的情緒都是正常的，因為孩子正在學習整理自己的各種情緒，需要爸媽正視與同理。當手足之間在爭執過後仍有難過的情緒時，請給予孩子處理情緒的時間，不要強迫孩子抽掉負面情緒並立刻轉換好的情緒，這樣他們會適應不良也不斷地壓抑真實的感受。在彼此都能真正理解也真正釋懷和好時，請給

予孩子擁抱，擁抱是一種愛的語言，透過擁抱能讓關係更溫暖。

不論是年紀或是性別上的差異，出於善意的禮讓分享都要教導孩子感謝對方的好意與對自己的包容，不要將這些善意的禮讓與付出全部視為長子、長女理所當然的責任並勒索一輩子，每個孩子都是獨立的個體，沒有誰該為了誰承擔與負責。

手足間的互相比較是破壞關係的利刃，無形中也傷害了孩子

很多爸媽常會用「比較」來激勵孩子成為更棒的人，無形中造成手足間互相對立、衝突。年齡相近的手足與雙胞胎很難不被比較，就算爸媽不做任何比較也會有旁人或親戚忍不住比較誰最優秀，比也比不完的比較，傷害的是孩子的自尊與自信，影響的不只是未來的人格發展，也牽動整個家庭關係。

即便是雙胞胎也有獨立的思想、氣質、個性，這些與眾不同的特質都值得我們用心去欣賞。孩子不同比例的特質是任何人都學不來的獨特性，我們要試著調整心態才能理解自己孩子。

「公平」並不適用於手足之間，因為每個孩子都不一樣，不應該給予相同的達成目標去為難孩子，長期仰賴在每一次的比較中獲得成就感與自我認同的孩子，心裡是匱乏失落的。家庭教育永遠比學科教育重要，手足關係如果得不到同理與關愛是無法對自我產生認同感的，也無法與人建立良好關係，爸媽一定要找到適合孩子的方式去引導與鼓勵，孩子才能自在地擁抱內在並積極面對每一次的挑戰。

打針當然會痛痛，別再欺騙孩子了！
跟著孩子一起練習「面對」，
孩子才能擁有克服困難的勇氣

「時間過得好快，寶貝小宇也已經2歲半了」，媽媽拿出被小心翼翼收在抽屜裡的兒童健康手冊並檢視著兒童健康手冊裡登載的每一次小宇接受預防接種與健康檢查各項重要記錄，依序看著那些未被蓋章的格子是否有遺漏掉哪次預防接種或是健康檢查，手指從頁面的最頂處輕劃至頁尾好確認這一次的預防接種日，也安排預約好這一次預防接種的日期。

出門前小宇媽媽檢查了該帶的健保卡、健康手冊與相關用品後，牽著小宇的小手出門並前往醫院，在往醫院的途中媽媽告訴小宇等一下要做的事情，並告訴小宇不用怕。小宇疑惑地看著媽媽，但媽媽跟小宇保證：「你乖乖，真的不會痛，如果你沒有哭，我就買餅乾給你。」

到了醫院完成報到後，小宇和媽媽在候診區的等候椅上玩著剪刀、石頭、布，過了一陣子護理師喊了小宇的名字，媽媽聽到後趕緊抓起背包也牽著小宇的手快步走進注射室，當小宇還不是很清楚到底發生什麼事時，就已被抱起放躺在黑色的床上，褲子也被褪至小腿肚等待著，一名護理師和媽媽核對預防接種的劑量和品項，另一名護理師和小宇說：「打針不會痛，就像蚊子咬一樣癢癢的而已。」核對完藥劑的媽媽也在一旁附和著護理師的說法。

　　小宇看著大家慢慢朝他靠近，一個人拿著針筒，另一個人按壓著他的大腿，害怕得開始掙扎大叫，正當小宇以為媽媽朝他走來是要來救他時，媽媽卻是壓住小宇的雙臂讓他無法動彈。當尖銳的針頭刺入小宇的大腿時，小宇痛得放聲大哭也以為痛痛要結束了，沒想到接著又是另一針往另一腿刺入，這時小宇再也忍受不了這樣二倍的痛，情緒瞬間潰堤大哭尖叫並且很生氣地對媽媽說「媽媽騙人，痛痛！」就把正在幫小宇穿褲子的媽媽的手用力推開。因為很痛，小宇不願意讓媽媽碰也不願意讓媽媽幫忙。

　　折騰了一下午好不容易送小宇到保姆家，小宇卻還是陷在很在意媽媽騙他也讓他很痛的情緒風暴裡不高興，而媽媽也因為還要處理公司的事而匆忙地離開了。看著媽媽離開的背影，小宇哭了，小宇傷心地說：「我最不喜歡媽媽了！」

故事中的爸媽一定覺得是……

預防接種是每個孩子都會經歷的過程，打預防針也不是第一次，怎麼每次打預防針都要哭得驚天動地的，不就是打個針像被蚊子咬而已，每次哄半天也還是哭鬧弄得人仰馬翻的。爸媽和醫護人員也擔心在注射的過程中，孩子因為掙扎而不小心誤傷了他，所以最快最安全的方式當然就是壓制孩子的身體，速戰速決地打完預防針就皆大歡喜結束了，而且孩子很好哄的，通常哭完就會忘記了。哎喲！這只是小事沒關係。

其實孩子只是……

醫院很恐怖，因為不乖就會被帶去打針，還會有陌生的阿姨和叔叔壓住我的手和腳不讓我動，還會拿針一直刺我，讓我很痛很痛。可是爸爸和媽媽卻沒有來救我，反而要我不要再哭了，還說像蚊子叮一下又不會很痛，可是我的腳真的很痛，輕輕碰到就很痛，所以媽媽幫我穿褲子碰到大腿時，因為太痛忍不住把媽媽的手推掉了。對不起！我真的不是故意要打媽媽的。

我們可以陪著孩子一起學習，一起成長！

♥ 陪孩子一起面對而不是讓孩子一個人去承受，別對孩子說謊，請幫孩子建立安全感

孩子從一出生就必須面對很多不得不接受的感覺和感受，但是幼小的他們根本不知道這些感受和感覺會在什麼時候發生，真的發生的時候也不會知道要如何處理這些卡在混亂裡的各種情緒。當孩子還在嘗試認識這些突如其來又陌生的情緒時，已經夠慌亂夠不知所措了，卻總是被爸媽理所當然地帶過，一味地要孩子勇敢面對或是要孩子不要怕，想想這是一件多麼殘忍的事情啊！

孩子的成長過程裡，除了必須的預防接種和健康檢查外，難免也會有生病的時候，吃藥打針常常避免不了，這些會引起孩子的疼痛與痛苦的感覺都會讓孩子有恐懼的感受。一旦產生了恐懼的感受沒有被同理或是給予安全感，之後只要是聽到醫院、看病等相關字詞就會讓孩子產生恐懼可怕的連結，甚至會放大恐懼，造成心理很大的壓力。在這樣面對未知恐懼的極大壓力之下就會開始出現自我保護的本能抗拒即將要做的檢查、治療或是服藥，而爸媽也會因為想要讓孩子盡快順利完成而無所不用其極地哄騙或是用強硬的肢體動作來讓孩子不得不妥協，親子間的壓力在拉扯之中反而更緊繃。

「哄騙」是爸媽最常用的招式，明明沒效卻還是屢屢嘗試。哄騙的方式會讓孩子不願意再相信爸媽說的話，也對於爸媽所教導他的一切產生疑惑而慌張得不知道該怎麼辦；最糟糕的是用肢體動

作強迫孩子妥協，這讓孩子受到的不是只有身體的傷害，更對設立身體界線有模糊不清的認知，而孩子在這個經驗裡感受到的只有被欺騙和不當的身體碰觸。

既然這是一定要面對也非做不可的事，那為什麼不陪孩子一起面對而要強迫孩子一個人去承受呢？會痛會苦沒有關係，讓孩子知道不論如何愛他的爸媽都會陪他並保護好他，孩子在不得不獨自面對時也會因為有父母的愛而更有安全感。

在打預防針、看病、吃藥或是做檢查前，請事前溫柔地告訴孩子原因和可能會發生的事情，讓孩子先有心理準備，慢慢累積去面對的心情和調整情緒的能力。當然這絕對不會是一次就能練習好的，需要爸媽的愛和耐心陪伴孩子反覆的練習。

♥ 愛的溝通公式：「先同理＋說事實＋給予安全感＋滿滿的支持＋勇氣好朋友」

我們可以這麼說：「小宇，打針一定會痛，媽媽小時候也怕打針（同理），但是每個人對痛的感受不太一樣，有的人覺得癢癢的，也有覺得很痛，就像媽媽一樣（說事實）。但是你可以不用太擔心，因為我們一定會在你身邊陪你保護你（安全感與支持），你最愛的好朋友蒙卡（小熊玩偶）想要陪你幫你加油打氣，可以讓他一起去嗎？」

在真正要打預防針的恐懼時刻，孩子一定會再次抗拒或害怕大哭，甚至忘了剛才爸媽的鼓勵和陪他來的好朋友，這都是孩子在面對恐懼時會有的正常反應也是預料中發生的事。此時爸媽也不用生氣或責怪孩子不遵守約定，反而要堅定用更溫和方式抱著孩子並

告訴孩子：「媽媽知道，你很害怕對不對？馬上就要打針的心情很緊張我能體會的，別擔心。因為預防針是為了要讓身體產生更多對抗細菌的厲害軍隊，保護也避免身體被病毒感染，所以這是我們一定要做的預防接種。在接種的過程中我們也怕你受傷，所以我們會抱著你用保護你的方式，讓你在安全無虞的情況下完成接種，請你稍微忍耐一下也謝謝你的幫忙哦，辛苦你了。」

痛痛結束後，記得一定要鼓勵孩子：「雖然你很害怕，但你還是完成了，你真的很棒！現在的痛痛有減緩一點了嗎？媽媽有帶魔法貼紙，貼上一定會好一點喔！（可以準備有圖案的貼紙或是OK繃）」孩子不舒服的感受會因為被安撫而減緩許多，原本只專注在痛的情緒也會慢慢轉換成「很快就不會痛」的期待。

跟著孩子一起練習「面對」，學會面對的能力

人生不會永遠一帆風順，我們也無法預期孩子的未來，當逆風隨時可能來襲時，我們能給孩子一個安全的避風港口之外，還要教會孩子有面對的能力。當害怕的孩子能感受到父母強大情感的支持時，即使心裡的恐懼仍然存在，但情緒卻已經有了方向和出口，也能真正地從每一次類似的經驗裡學習面對和轉換情緒。

不買玩具就大哭大鬧也扯斷了父母的理智線！

讓孩子理解「我想要但不需要」
學會自我管理與辨別的思考能力

　　這天是知語的（3歲／男孩）生日，爸媽帶著知語和1歲的妹妹一起在餐廳慶生，知語開心地餵著妹妹吃生日蛋糕。弄得滿臉奶油的兄妹倆玩得很開心，爸媽也拍了許多可愛逗趣的照片。在吃完生日蛋糕後，知語收到了爸媽準備的生日禮物「變形機器人」。知語在拆開禮物看到變形機器人的那一瞬開興奮地尖叫，抱著機器人在沙發上跳啊跳的，開心地停不下來。

　　慶生餐會結束離開餐廳後，妹妹在嬰兒車上睡著了，媽媽想趁著妹妹睡著的這段時間到兒童用品的樓層逛逛，順便添購兄妹倆的用品，於是全家人搭乘電梯前往兒童用品的樓層。這個樓層是孩子的天堂，每一處都能吸引孩子的目光，知語怎麼逛也逛不膩地穿梭在每一排琳瑯滿目的玩具展示

櫃。他在轉角的架上看到了一台遙控小汽車,銷售人員很親切地向知語和爸爸媽媽解說如何玩也讓他試玩,知語玩得好開心也不想要回家,爸媽和知語溝通試玩過了、該離開了,但知語卻堅持要買遙控汽車回家。

爸媽試著轉移知語的注意力,於是提醒他別忘記稍早前的生日禮物。不過知語不理會爸媽說的話,仍抱著遙控汽車不願放手,爸爸取走知語懷抱在胸前的遙控汽車後,他開始放聲大哭著:「我要車車!」

爸爸抱起哭鬧的知語和推著妹妹的媽媽離開玩具區至通往洗手間的休息長廊處,想讓知語冷靜,但知語卻越哭越大聲也聽不進任何安慰的話。爸媽在溝通無效的狀況下要知語在原地罰站反省,否則不帶他回家。

過了約莫20分鐘,知語還是哭得很傷心,這讓爸媽很生氣,於是決定取消下一個原本答應知語要去的行程並立刻回家,想藉此讓知語了解吵著買玩具、不聽話就會得到什麼也玩不到的後果。

故事中的爸媽一定覺得是⋯⋯

我們幫孩子慶祝生日花了不少心思，預約餐廳、用心挑了生日禮物，怎麼才一會兒的工夫就喜新厭舊。每次見到新玩具就哭鬧著要買的這種壞習慣真的讓人非常火大，這麼小就養成這樣的壞習慣，將來長大還得了。我們可不希望把孩子養成了一個無理取鬧、好吃懶做、不懂得惜福的人，堅持不能買就是不能買，絕不和孩子妥協「買玩具」。

其實孩子只是⋯⋯

這個很好玩、那個很酷、那個很棒，我都好喜歡想要帶回家玩，我想要的玩具家裡都沒有怎麼辦？為什麼機器人可以買給我，車車就不行買呢？喜歡機器人也很喜歡車車是不乖的行為嗎？如果我乖乖不哭或是不吵鬧，是不是就可以帶玩具回家呢？

我們可以陪著孩子一起學習，一起成長！

壓抑情緒的方式並不是教養的捷徑

相信在育兒的過程中，「不買玩具就哭鬧」這件事的確是讓很多爸媽又氣又煩惱，不想用物質滿足孩子卻又忍受不了孩子一哭就停不下來的要求；買也不對，不買也不對，為了買玩具而任性哭鬧的各種脫序狀況，總讓爸媽們束手無策也幾乎扯斷了一再重整修復好的理智線。孩子成長中不可或缺的玩具，到底哪一種才是孩子真正需要的呢？而買玩具的標準又是什麼，是乖乖聽話還是考100分呢？

看著孩子鬧脾氣的樣子難免也會跟著進入暴風圈裡一起混亂，但孩子的想法其實很簡單也很容易懂，只是他們不懂得如何整理心裡的感受再將想法好好地表達，而造成親子間的拉扯與彼此誤解。孩子渴望有玩具的想法並沒有錯，就像大人也會有「想要」的慾望一樣，只是我們已能夠用理性的思考方式處理這些內心的想法，如果能認同自己也有「想要」的感受，就能同理孩子也有「想要」的感受，而孩子也就不會越來越不認同父母的管教方式。**我們應該帶著孩子學習分辨與思考「想要與需要」的差別，而不是壓抑自己的感受而不去理會。**

如何讓孩子思考也不再為了買玩具而哭鬧，需要長時間的陪伴觀察與練習，才能讓孩子從中體驗與培養良好的辨別行為與自省能力。玩具是孩子成長摸索期中最重要的感官體驗學習，不能被剝奪，所以爸媽應該從孩子出生後就要開始與孩子一起練習。

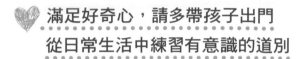

滿足好奇心，請多帶孩子出門
從日常生活中練習有意識的道別

　　越是年幼的孩子越無法將想法表達完整，當不被理解時所產生的焦慮就是爸媽所看到的「無理取鬧」或是「喜新厭舊」，其實孩子不是喜新厭舊，只是，不論是選擇還是放棄都難以取捨，當孩子只剩下情緒可以表達感受時就越需要爸媽的耐心。爸媽往往不願意看到孩子又為了買玩具延伸出的情緒風暴，就會以減少出門的方式來避免不愉快。很多爸媽也常常這樣告訴我：「被玩具吸引就拉不開了，當然別讓孩子靠近，育兒已經夠累了何必為自己再找任何麻煩呢？」聽起來似乎很有道理，但其實這是一種消極的逃避方式，不僅無法滿足孩子的好奇心，反而放大了孩子想要的慾望。越避免就越容易發生，因為孩子少了很多練習的機會，建議可以多帶孩子出門並事先告知當日可預期與不可預期的事，加深孩子的情境連結與心理準備去面對，也能練習突發狀況的應對。

　　孩子本來就很難理解「想要與需要」的差別，所以別再用「出一張嘴」的口頭說教方式要孩子立刻理解和欣然接受，在這之前必須先讓他們認識有意識的道別，爸媽可以在任何時候帶著孩子跟所有生活週遭的人、事、物在離別時好好地說再見。不論在家裡或是外出都應該隨時留意孩子專注的事物是什麼，陪孩子滿足好奇心也不輕易打斷專注時刻，提醒孩子收回專注力時，就必須引導孩子準備向原本專注的事物說再見，讓孩子能夠有足夠的時間調適與接受「即將離開」的情緒。

　　「有意識的道別」練習，讓孩子充分感受你、我、他的個別關係，也漸漸了解所有事物的原貌，並非只能專屬於自己，這樣的

過程可以學習尊重並懂得欣賞，也能讓孩子不再因為突然被抽離仍專注的心而傷心難過。

♥ 別害怕孩子「看玩具」，那是創意思考的第一步，請陪伴孩子一起探索

當孩子被琳瑯滿目的玩具吸引住目光時，爸媽應該觀察孩子專注的細節是什麼，吸引孩子的除了新穎的包裝和酷炫功能之外，一定還有更多細節是爸媽未曾注意到的，例如：一樣的車款卻有不同的輪胎紋路、一樣的變形機器人卻有不同的拆解方式與功能、一樣的娃娃卻有不同的臉型膚色……，這些很小的細節都是透過孩子的觀察才能發現的。爸媽千萬別害怕讓孩子靠近玩具區，反而要放慢速度陪著孩子一起探索並鼓勵稱讚孩子的用心，讓好奇心帶領我們一起了解孩子的想法與動機，爸媽可以跟孩子說明玩具的玩法與功能，試著與孩子討論對於玩具的需求是什麼。滿足孩子的好奇心與求知慾，孩子就不會在好奇心的驅使下執意要買玩具，也不會發生玩具買回家卻過沒幾天就不再有興趣的情形發生。

放下愛不釋手的玩具難免會有捨不得的情緒產生，對年幼的孩子來說是再正常不過了。孩子不可能在第一、二次就能調適得像成熟的大人一樣，如果孩子仍然因為難捨的心情而哭泣，請允許孩子可以表達任何（生氣、傷心）情緒，也先別急著立刻帶離現場，應該要蹲下來溫和地告訴孩子爸媽的想法與立場再慢慢地帶離，等待孩子情緒慢慢緩和並進行溝通，讓他們感受到被同理，當孩子被同理想法後也能和爸媽進行討論。學習自我調整情緒也讓孩子加深對此事件的處理態度，孩子的自我管理也就會越來越成熟。

　　以上，需要長時間的互動練習，並非像文字敘述那樣簡單，而爸媽通常在剛開始的時候會因為他人投射在自己身上的眼光讓逐一建立起的自信與理念崩塌，最後跟著孩子一起卡在情緒風暴裡，這是爸媽很懊惱也常遇到的狀況。教養是世界上最艱難的工作，沒有正確解答，但只要願意相信孩子並給孩子時間就能慢慢克服。雖然需要花點時間，不過能讓孩子學會主動辨別、反省思考，每一次的漫長等待真的都非常值得！

♥ 從感受、思考、理解、分辨「想要與需要」的差別並珍惜所擁有的

　　平時的生活採買是最好的生活教育，帶著孩子認識什麼是真正需要購買的必需品及其價格，並告知哪些是想要但不一定要買的物品，也別忘了要告訴孩子不買的原因是什麼。這不但可以幫助孩子理解「想要與需要」的差別，也慢慢地奠定存錢不易需好好理財的觀念。孩子的學習行為來自於父母，教育孩子最重要的是以身作則，而不是父母說了算。不論是大人或小孩都有情緒和慾望，如果父母無法做好讓孩子分辨「想要與需要」的差別，只會要求孩子壓抑，沒有溝通抒發的管道，越壓抑的結果可能產生反彈的負面效應，所以我們絕對需要有效的溝通方法，讓孩子學習如何自我調適並理解買玩具的動機。

　　玩具是每個孩子的啟蒙老師，透過玩具孩子能感受新奇的世界，所以「玩具」很重要，玩具對於每個年齡層的孩子需求度也全然不同，該如何挑選呢？真的每一種都一定要買回來才能刺激孩子的感官嗎？其實不盡然，因為同一件玩具可以有多種玩法，也可搭配其它玩具或生活物品玩出新花樣，讓玩法充滿驚喜、千變萬化，

才能激發想像力與創造力，孩子當然就不會輕易放棄或是只有三分鐘熱度。

♥ 「買玩具」也是一門教養，依照孩子的發展做最好的引導

0～3歲的孩子大腦認知與情緒調適發育仍未成熟，需要爸媽更多的耐心陪伴與理解，而非嚴厲地制止其行為。3～5歲的孩子正在學習如何理解與控制自己的情緒和慾望，除了耐心陪伴之外，更需要爸媽的支持與信任來增加孩子的自信心。5～7歲的孩子已經能夠有基本的理解分辨能力，請陪著孩子一起分享心裡的感受與想法，讓孩子的思考不因害怕被責罵或禁止而失去彈性。

陪伴孩子在每一次的經驗裡練習控管自己的情緒和慾望比禁止購買還來得重要。如果不珍惜每一次孩子可以練習的機會，即使將來再富有也不會懂得珍惜。陪伴與練習才能將每一次的體驗慢慢內化成生活學習的一部分。爸媽應該試著多理解孩子，不要拒絕孩子學習的機會與犯錯的權利。

「數到3」的可怕大魔咒，請快點解除吧！

恐嚇教育只會讓孩子學會反抗與逃避；親子關係在專注陪伴的支持環境下更能理解彼此也能向恐嚇教育說再見

故事是這樣開始的……

「溜滑梯」是每個孩子的最愛也是晴亞的最愛，每次到了設有大型溜滑梯的公園，總能看見她臉上那欣喜若狂的表情。晴亞是個4歲的活潑小女孩，在公園裡總是很快地和大家打成一片，個性活潑的她也喜歡交朋友。

看著蹦蹦跳跳的晴亞開心地和公園裡的小朋友們遊戲奔跑，爸媽也被眼前歡樂的氣氛感染了。晴亞像小蝴蝶一樣飛來飛去，偶爾會飛到爸媽的身旁邀請他們不要滑手機陪她一起玩，但爸媽只是「嗯，等一下」就打發了這隻開心的小蝴蝶。

溜滑梯設施旁圍了很多大人與小孩，小朋友們都懂得互相禮讓排隊等候，晴亞也不例外，就這樣和大家輪流玩了一整個下午。不過歡樂的時光過得總是特別快，一晃眼就到了各自回家的道別時刻。每當這個時候總會有些孩子和晴亞一樣很捨不得回家，一再表示還想留下來繼續玩。因為正在排隊的晴亞是下一個順位，而且也還沒和朋友們道別。「爸媽今天不是有答應我，還說要陪我玩嗎？」晴亞很委屈地為自己抱不平，也試圖爭取原本說好的事。不過爸媽考量到天色已暗，且回家需花費較長的時間，因此並不想回應晴亞的要求，也沒有多停留的打算。

　　在告訴晴亞要收心回家了之後，爸媽就牽著晴亞的手往公園的出口方向離去，晴亞和爸爸拉扯著也執意往反方向走，媽媽見狀開始數落晴亞很不聽話也試著拉回晴亞。越來越生氣的爸爸忍不住對著晴亞喊：「我數到3！給我回家！1、2、3！」晴亞一聽到「數到3」就更焦慮，反應也變得激動，哭著要爸爸不要再數也拒絕馬上回家。這下子惹得爸爸更生氣，於是抱起哭得很傷心的晴亞離開，並大聲地斥責她的無理取鬧。晴亞傷心的哭聲隨著爸媽帶著她離開也越來越遠，越來越小聲，原本快樂的親子時光就這樣卻被不愉快的傷心回憶覆蓋了。

故事中的爸媽一定覺得是……

平時工作忙碌，假日特地安排活動想讓孩子開心地玩，玩了一下午的時間了，是該回家了，怎麼每次都玩不夠也不想回家，這孩子真固執；個性也很倔強，在公共場所大哭大叫弄得全部的人都在看我們，好像我們在虐待她似的，這樣無禮的行為不馬上教育怎麼行，難道要順從她繼續留下來嗎？這樣一來不就把孩子寵到無法無天了嗎？

其實孩子只是……

我只是有點捨不得玩伴也知道要回家了，可是我排隊排了很久，下一個就輪到我玩溜滑梯，為什麼不讓我玩最後一次？我也還沒和剛認識的朋友說再見，爸媽本來就有答應我要陪我玩，為什麼後來又變了，我不喜歡爸媽每一次都用數到3的方式要我馬上聽話，我不喜歡也討厭數到3。

我們可以陪著孩子一起學習，一起成長！

❤ 質大於量的陪伴才是真正的專注陪伴

現代的生活凡事講求快與效率，每天在這樣的步調中很難把自己抽離也忘了慢慢享受生活，很多時候常處在被時間壓迫的情緒還不自知，所以在這樣的生活作息裡很容易用趕進度的步調過日子，想要掌控好時間卻反過來被時間控制了。的確在凡事講求效率的生活中很難享受「慢」生活，但是如何在有限的時間內將生活品質變得更有意義就是爸媽該好好思考的問題了。

許多爸媽都會告訴我，自己都有陪伴與關心孩子，可是似乎沒有用。爸媽您知道嗎，陪伴並不像字面上那麼簡單只有陪伴，以下四種高風險的陪伴方式，不知道爸媽們是屬於下列哪一種呢？

66【四種高風險陪伴方式】99

一、人在心不在：情感無法連結的陪伴

雖然整天在孩子的身邊，互動卻是少得可憐，像是同住在一個屋簷下的親密陌生人，連完整的對話都不超過十句。工作繁忙的現代生活讓爸媽恨不得可以多幾個分身來完成做不完的事，即便如此，再忙碌也要抽出時間「用心」陪伴孩子，創造屬於彼此的親子時光。

二、命令式關懷與對話：無意義的陪伴

總是以命令的口吻讓孩子配合生活作息，關心照顧孩子的食衣

住行，卻忽略孩子對愛的需求與渴望專注的陪伴，即使有互動也像是無法融化的冰那樣的冷，孩子熱情地邀請爸媽參與他／她的小小世界，得到的回應卻只有淡淡的「嗯」、「好」、「我知道了」。

三、說話不算數用其它來敷衍了事：無法建立信任感的陪伴

答應孩子的事因故無法履行，卻忘了先同理孩子失落的心，還反過來責怪孩子不能體諒大人的無奈而輕易帶過或是敷衍了事，其實那是爸媽因為自責卻不知如何處理一時轉換不過來的情緒而變成了對孩子的責罵，也讓陪伴淪為一種不得不做的壓力與焦慮。

四、不允許逆向被安排好的人生：令人想逃離的窒息親子關係

競爭激烈的學習比較環境，爸媽總是擔心孩子輸在起跑點，擔心給的不夠多不夠好而強塞的作息，連孩子唯一可休息的時間也安排了一個又一個的接力活動，孩子其實吃不消，只是盡力地配合不讓爸媽難過，但爸媽可曾想過順從安排的孩子內心真的快樂嗎？長期用安排各種課業加強活動取代親子陪伴也等於不容許孩子失敗，只能順從，孩子可能因此無法感受被認同也找不到自我價值。

忙碌可以調整，讓親子生活更加精采

太多資訊與太過焦急反而模糊了溝通的重點，爸媽可以調整各自的忙碌，但別因為效率而快轉了親子時光也賠掉了親子關係。陪伴其實不難，專注就好。少了情感的溝通，孩子將無法學習如何與人互動更不知道如何表達情感。

「專注陪伴」可以在任何時候與任何地點，形式當然也不受任何限制。生活可以安排，哪怕只有短短的30、15分鐘，只要爸媽願意暫時放下智慧型手機或手邊的工作，專注地陪伴與傾聽，你將會發現孩子帶給我們的可能更多、更豐富而且超乎我們想像。

💙 數到3又如何？不要剝奪孩子學習與表達的機會

我們很常聽到這句經典教養名言：「數到3，你給我……不然我就……」在數到3的後面只要承接上任何指令，都能讓孩子瞬間崩潰大哭，堪稱是史上最恐怖的親子對話，也是每個人從小被嚇到大的童年回憶。只是曾經是孩子的我們，為什麼在身為爸媽後卻還是繼續用恐嚇威脅的方式在教育我們的孩子呢？

在從事教學的這些年，我從未對孩子說過這句話，不是因為我沒有情緒，而是我很清楚，短短的那幾個字，並不會帶給孩子任何益處，反而讓孩子失去很多思考判斷的能力，也增加孩子的焦慮與壓力。短短幾個字所隱藏的傷殺力，將會在未來的成長路上一一顯現放大的，而父母卻總是認為那一定是孩子的問題。

「數到3」是個對孩子有偏見的可怕魔咒，這句話代表著孩子不被你同理、不被允許有自由思考的空間、不能表達真正的想法、不認同有任何情緒與感受、沒有給予支持的環境。當孩子被偏見壓得快不能呼吸時，只有生氣與哭泣可以讓孩子的焦慮暫時得以緩解，但卻再次被父母否決。試想這樣沒有可以溝通的親子空間，有多少孩子可以默默承受？

當孩子有任何行為問題發生時，不是將責任丟給孩子，要他們立刻聽話就好。爸媽越急孩子就越會反抗，爸媽該了解的是孩子

的困難在哪裡，協助孩子找出來並幫助他們處理這些壓力，如同故事中的晴亞爸媽失約在先，卻將這一切的結果怪罪在晴亞身上，因為爸媽從不傾聽，孩子在沒有任何親情與同理的支持環境裡，如何學習自我管理能力呢？

　　請引導孩子說出感受與想法，請先不要否定或是批判，同理和傾聽可以協助孩子減輕焦慮與恐懼並勇敢表達，練習思考與調適的能力，這些都是父母的責任而不是放著孩子長大就會明白的道理。

　　我也曾經遇過爸媽仍舊改不掉「數到3」的可怕魔咒又陷在自責裡懊惱，我鼓勵爸媽如果真的一定要數數，也請用累加的方式吧！孩子都喜歡積少成多的成就滿足感，在回家前請先設定至少3至5次的提醒，預告孩子該離開的時間並藉此讓孩子了解時間的規劃和掌握結束的時間，慢慢地經由每次的練習將自我管理的機會交給孩子練習。可以在出門前先做好練習與心理準備，詢問孩子要達成多少關卡或任務（即數字），假設孩子說30，那麼就在預定回家的時間內一一完成孩子玩過的項目去累積，若超過預定的離開時間卻未完成孩子設定的關卡，就和孩子約定剩餘未完成的關卡可以留至下次，這樣一來孩子不會將專注放在要回家了不能再玩了，而是在回家前他又多玩了幾項設施或遊戲，讓孩子轉個方向思考「回家」並不是被剝奪玩的權利。

　　即便如此，仍然要讓孩子了解其規範，最好能明確地告訴孩子不正確該修正之處並給予值得鼓勵的實質肯定。生活其實就是一種學習，極需要爸媽耐心支持與長時間的陪伴引導，讓孩子在生活經驗中學習與人的互動，這也是幫助他們在認知、判斷，理解等各項能力穩定成長的重要關鍵哦！

Chapter 2

孩子的需求與
自發性反應，
不該被認爲是
找麻煩

孩子不是不收拾，而是被爸媽代勞了，收拾之前請先好好地弄亂吧！

故事是這樣開始的……

故事一：

爺爺拿起椅角旁的塊狀物品準備往垃圾桶裡丟時，奶奶看見立刻阻止了。

「喂！那是我們沛庭（5歲／男孩）的積木，不是垃圾，不可以丟！」奶奶拿走爺爺手上的積木放回沛庭的積木箱。

晚餐時，爸爸要沛庭將餐桌上的玩具收拾好，因為已經沒有地方可以擺放餐點了，這時爺爺奶奶走了過來幫沛庭收拾，而沛庭則是玩著手上的魔術方塊。

「我叫你收拾，你有沒有在聽？桌子亂七八糟的怎麼吃飯？」

「爸媽，您不要每次都幫他收玩具，這樣他永遠不知道要收拾玩具。」爸爸急欲阻止爺爺奶奶。

故事二：

「小麗（4歲／女孩）睡覺前把玩具收好喔！」爸媽叮嚀著。

「好！」小麗慢慢收拾地墊上的玩具。

「等一下，露營車不是放這個櫃子的，那個娃娃才是放這裡的，換過來才對。」爸媽不斷地拿出小麗收進櫃子的玩具。

「不要！我要娃娃放這裡，他們是一起的。」小麗不想要爸媽插手幫忙。

「不是啦！不能這樣放，妳這樣會很亂，換過來！」爸媽還是很堅持要照爸媽的收納原則。

「那我不要收拾玩具了啦，你們每次都要亂收我的玩具。」小麗放下玩具氣呼呼地走到客廳。

故事三：

爸爸出差回家幫樂樂（6歲／男孩）買了一個鋼鐵人的玩具，樂樂開心地抱著他的新玩具捨不得放手，但卻沒有多

餘的心思去收拾原本落在房間裡的一大堆玩具，讓媽媽抱著摺好的衣服走進房間時不慎踩壞了一個小玩具。

　　「樂樂，跟你說幾次了，玩具請收拾好，這樣很危險，說多少次了？再這樣亂丟，我一定會把所有玩具丟掉！」媽媽嘴裡這樣罵著卻還是幫樂樂把玩具收拾整齊。

故事中的爸媽一定覺得是……

孩子的玩具總是亂丟亂放，每次都找不到自己的玩具在哪裡。要他收拾還不如我們收拾，又快又明確，每次要孩子收拾都拖半天也還是收得亂七八糟，看到一團亂的玩具是被硬塞進去櫃子的慘狀，真的是無法忍受。

其實孩子只是……

這樣很亂嗎？可是我並不覺得亂啊！這樣擺我認為也很好，因為我全部都看得到，而且我等一下還要玩，我不想要現在就收拾。我用積木好不容易拼成宇宙戰艦，現在拆開收拾根本是毀了我的傑作，我不行一直擺著等我想收的時候再收嗎？拜託嘛！

我們可以陪著孩子一起學習，一起成長！

♥ 收拾玩具就是玩遊戲，
只是不小心被爸媽複雜化了

玩具在孩子的成長裡扮演著很重要的角色，玩具能給予孩子豐富的創造力和刺激學習發展能力，不是只有玩和打發時間而已。爸媽總是期待玩具與遊戲能帶給孩子很多的啟發與學習，但是卻又對這些玩具感到頭痛；因為孩子總是只知道玩而不知道要收拾，就算收拾了也不符合爸媽整齊的標準，最後還是得由爸媽再收拾一遍才滿意。

經常威脅孩子要把玩具丟掉的爸媽就像是放羊的孩子一樣，剛開始孩子信以為真會害怕，但時間久了也不放在心上，這也會讓孩子產生可以隨意丟棄的錯誤認知。

爸媽購買玩具給孩子的第一個想法，一定是想著和孩子一起同樂一起激發創意也製造歡樂，幾乎沒有人在購買玩具前和孩子討論「這個玩具要歸類在哪個玩具櫃或抽屜」、「這個類型的玩具是不是已有類似的」等相關問題，所以孩子不會意識到「收拾」是樂趣也是學習。

而孩子不喜歡收拾玩具除了不知道如何收拾，另一個原因是爸媽在玩具時間結束時會瞬間變了臉和說話的口氣，又總是以催促加責罵的策略引導孩子收拾得又快又整齊，當孩子還未調整轉換好結束的心時，快樂就莫名被抽離的感受對孩子來說是一種壓力並不是樂趣。

先別急著幫孩子收拾，
0～1歲的孩子可以從日常生活中引導學習

　　爸媽要記得「先別急著幫孩子收拾」。1歲前的孩子從可以抓握物品的時候，就能從日常生活中練習能力，也有助於孩子的各項發展。在孩子探索認識的階段，可以將收拾玩具變成一種互動遊戲，這樣孩子才會想參與。例如：**讓孩子拾起能抓握的軟質或布類玩具，丟拋至收納櫃或指定的空間內再口頭告訴孩子「玩具回家了，謝謝你」**。這個遊戲練習不僅加強小手的抓握能力、練習裡面與外面的空間概念，也能因為爸媽每次覆誦「玩具回家了」而了解玩具時間結束後要將玩具送回家。當然丟拋玩具與收納區的距離可依孩子的能力略為調整。

　　這階段的孩子非常喜愛丟拋物品和期待看到爸媽的反應，因為孩子正在學習觀察物品落下的方式與聲響也期待更多的互動。這些探索讓孩子樂此不疲，同時也訓練孩子收拾玩具的小小責任感，因為邊玩邊收拾更能啟發孩子的興趣，爸媽何須再為了收拾玩具而傷透腦筋呢？

 隨著孩子慢慢長大，
玩具也要有進階式的收拾方式

　　當孩子慢慢長大也能將玩具收拾至特定收納區後，爸媽不妨增加一點變化來加強孩子的認知，帶孩子認識玩具分類也學習到各種不同生活認知的技巧。例如：**按顏色做區分收拾玩具、書本類、益智類、組裝類等玩具，再依不同大小形狀做區隔收納**，接著可以設定在固定熟悉情境時態下，養成自動自發收拾玩具的好習慣。例

如：每日睡覺前、出門前……等，這都是孩子每日生活作息中能理解也熟悉情境。

「玩具時間」結束前請務必提前告知，讓孩子有心理準備收心。假設孩子睡前可以玩20分鐘，那麼在剛開始練習收心時就最好在結束前10分鐘做第一次提醒，結束前5分鐘做第二次提醒，結束前2分鐘做最後提醒。事先與孩子做好約定並遵守約定，時間到了就要收拾，爸媽也要遵守約定不要無止盡地延長時間。孩子在練習收心的初階段一定會因捨不得結束而傷心，此時爸媽也請不要生氣，多點溫和的引導語讓孩子更明白有始有終也是對喜愛的玩具負責任的基本態度。

有些爸媽會習慣用「計時器」來訓練孩子完成事情的速度，在這裡不建議使用，因為容易讓孩子失去專注並增加不耐煩的情緒（親子或團隊合作的互動競賽相關遊戲則除外）。每個人都有自己做事的方式和步調，孩子也需要從中學習更多豐富的經驗而不是用催促來阻礙孩子學習並追究沒收好的原因。

♥ 珍惜擁有，玩具壞了請不要任意丟棄

玩具在陪伴孩子的成長過程中一定多少會有損壞或是故障的時候，爸媽可以藉此機會教育讓孩子學習幫受傷的玩具做處理與安排。玩具損壞的程度如果已達無法補救的情況才能適情況丟棄，這是原則！孩子玩具玩久了，難免會有些物品及小零件脫落或是裂開，這些都是可以想辦法修補的。

請記得帶著孩子一起「想辦法」，而不是直接幫孩子處理掉。千萬別默默地養成壞了即丟的浪費行為，這樣孩子永遠也不會

懂得珍惜與愛護。在想辦法修補的過程中帶領孩子認識材質的分辨與屬性，例如：金屬、塑材、鐵，陶瓷……。這時你一定還會發現孩子觀察的細微度比大人們還要細膩。

多久才能買玩具也是很重要的關鍵，盡可能不要經常性地買玩具送孩子，讓孩子了解買玩具可以維持一進一出的原則，否則越買越多造成居家空間的困擾，思考如何收拾與分類讓孩子也為新舊玩具做最妥善的規劃，更可以適時地引導孩子捐出完好無損的玩具給需要的朋友。

太快得到玩具會讓孩子對於所有事情的新鮮感顯得太快冷卻而影響日後的學習熱誠。爸媽應該要讓孩子學習等待，孩子就能充分了解每次收到玩具背後的重要意義，也會非常珍惜得來不易的禮物並好好收藏著。

天啊！我的孩子居然會說謊！

傾聽孩子的真心話，
允許孩子犯錯才能學會對自己負責

故事是這樣開始的……

「今天體能課好玩嗎？」

「超好玩的，體能老師有選我當小助手，我有幫忙組合動物拼布喔！」

「哇！書妍（5歲／女孩）這麼棒，可以當老師的小助手呢！」

「老師說下次還要請我幫忙。」

「太好了，那妳可要乖乖聽話，這樣老師才會再選妳當小助手。」

「我都有很乖啊！而且媽媽妳看，我今天有把水喝完。」書妍把空水壺拿給媽媽看。

「書妍有記得把水喝完，真的有進步很多，這樣回家就可以看卡通喔！」

回家後的書妍放下餐袋後立刻往沙發上坐好準備看卡通，媽媽摸摸書妍並拿起遙控器打開電視，轉至她最愛的卡通頻道。書妍露出開心的微笑說：「好棒喔！今天我有把水喝完，終於可以看卡通了。」連續好幾天書妍都有把水喝完，所以不會得到「不能看卡通」的處罰，爸媽也覺得書妍進步好多而感動著。

這天爸爸提早下班和媽媽提早至學校接書妍時遇上了班級導師，於是和老師聊聊書妍在校的近況。老師說：「書妍一向是個很乖不太需要人操心的孩子，和班上同學的相處也算融洽，沒有什麼特別的問題，只不過最近每到接近放學時，她都會很緊張地在洗手台將水壺裡的水倒掉，說是媽媽請她沒喝完也要把水倒掉。但是我好像沒聽媽媽這樣交待過，有嗎？」

聽完老師的這番話，爸媽簡直不敢相信原來最近書妍都是用這樣的方式在欺騙，但爸媽還是為了保留書妍在老師心目中的好形象而對老師說：「是啊！我們有這麼交待她，謝謝老師提醒。」爸媽忍住心裡又是生氣又是震驚的複雜情緒接書妍回家，回家後爸爸拿起水壺放在書妍面前嚴肅地問：

「妳今天水有沒有喝完？老實說。」

「有啊！我每天都有喝完。」

「我再給妳一次機會，你今天有把水喝完嗎？」

「有啊！不相信你可以打開水壺看，裡面空空的。」

「田書妍！老師都已經告訴我們妳把水倒掉的事了！我再問妳最後一次，妳還要再騙人嗎？」

「對不起……。」

「我沒有想到妳居然學會說謊騙爸媽和老師，妳真的太讓我失望了，為什麼要說謊？」

「因為……水沒有喝完……不能……看……卡通……。」書妍因為害怕而把原因說得非常小聲。

「沒想到妳為了看卡通居然說謊，從今天起不准妳再看卡通，每天放學回家都要唸弟子規反省自己的錯。」

「我不要！對不起，我以後不敢了。」書妍拉著爸爸的手，忍不住開始大哭。

「妳不用拉我，來不及了。從今天起，我和媽媽都不會再讓妳看卡通了，因為看卡通讓妳學會了說謊。」

爸媽只是取消了書妍可以看卡通的福利並沒有處罰她，但書妍卻哭得厲害，連晚餐都吃不太下，整個晚上都悶悶不樂無法釋懷。

故事中的爸媽一定覺得是……

　　書妍一直都是個很懂事乖巧的孩子，我們真的沒有想到她會為了看卡通而說謊，真的不敢相信一個那麼聽話的孩子居然學會了說謊。卡通真是害人不淺，也不能再讓她養成看電視的習慣了，一次說謊就會有第二次說謊，一定要從現在開始嚴格管教，否則以後說謊成性就慘了。

其實孩子只是……

　　媽媽準備的水我真的喝不下了，但是媽媽說那是藉口並要求我一定要把水喝完才能回家，每天放學媽媽也都會檢查我的水壺，如果沒有喝完，媽媽就會生氣並取消看卡通的時間。因為我想當乖小孩，不想被爸媽討厭或是生氣，所以才把喝不完的水全部倒掉。

我們可以陪著孩子一起學習，一起成長！

♥ 教孩子「乖乖聽話」並不是教養的真正目的

我們常會說「真正的教育是良好的品德而不是在成績上計較」，所以針對孩子的品德與人格的部分會特別強化與練習，尤其是要教導孩子成為一個「好孩子」，灌輸孩子所謂「好孩子」應該要有的形象，而這似乎是所有爸媽心中的教養不變真理。

可是要如何成為好孩子呢？好像第一步要先強化的就是「乖乖聽話」，而順從對孩子而言卻是如此抽象甚至非常遙遠。在孩子認知裡的「好孩子」應該是什麼模樣呢？其實都是爸媽、長輩或是師長給予的既定形象，孩子似乎只能欣然接受再照著「好」的輪廓慢慢練習，讓自己也能成為大家心目中的好孩子。

我想我們的這一生不可能從不犯錯，只是我們努力讓自己不要犯同樣的錯，但爸媽卻常把不要犯錯掛在嘴邊時時刻刻叮嚀著，也期許他們努力做個乖乖聽話的好孩子，無形中混淆了孩子的價值觀，也增加他們對自己的不認同與罪惡感。

♥ 請允許孩子犯錯，他們才有面對真實內在的勇氣

「好孩子」所背負的壓力太過沉重，很多孩子為了達到父母的期許拼命維護在別人眼中的好形象，小心翼翼地不犯錯，但也因此陷入了被扭曲的真實，為了掩飾不能被發現的不好而製造了更多的謊，在好孩子的軀殼裡無法逃脫只好一再地自欺欺人。

　　要孩子成為一個人見人愛的乖孩子有多麼地強人所難，這代表著不容許他們犯任何錯。孩子總被爸媽教育成聽話的好孩子，帶著這些所謂的好孩子的包袱，即使意識到自己的想法與認知互相違背時，就必須用謊言或是更多的謊言來彌補好孩子不應該要有的缺陷，而心中也為此懊悔自責，默默扛著隨時可能會被拆穿的沉重壓力，只為了維護在他人眼中「好孩子」的形象。

　　書妍一直以來都是爸媽、師長眼中的好孩子，早熟懂事的她也在爸媽的期許下學會了察言觀色的能力，所以很在意自己的表現是不是能夠得到大家的認同，當自己無法達到爸媽要求時就只能試圖找出或製造出可以為「不完美」包裹的糖衣來包裝自己的恐懼。

　　我們不應該將成為好孩子的各種壓力放在孩子身上，因為害怕犯錯，孩子就不敢承擔自己的錯誤，也拒絕嘗試任何創新改變，因為害怕所以只做安全無虞的事。希望孩子和別人不一樣就要先改變想法，才能有新的思維引導他們了解真正的自己並接受真實的自己，別讓孩子乖乖地待在爸媽給的框框裡不能真正地做自己。

▶ 找出說謊的動機才能真正理解孩子的困難

　　「說謊」也是一種階段性發展的能力表達，不過大部分的爸媽被既定的道德觀影響，常會認為說謊是人格上的缺陷，當然也就不能接受單純如白紙般的孩子有任何人性污點，而這也是為什麼爸媽普遍認為說謊比不聽話還要嚴重的原因。

　　「你為什麼要說謊！」這句話代表著對孩子的否定與質疑，沒有人喜歡說謊與不斷圓謊，孩子說謊的真正原因才是我們需要去努力了解的。以書妍的例子來看，爸媽發現書妍說謊卻沒有找出說謊的動機，只感受到被狠狠地欺騙與背叛而斥責書妍。

孩子的世界沒有勾心鬥角、處心積慮，和成人的世界比起來相對單純得多，在這麼單純規律的生活裡居然需要說謊，可見孩子有多麼地恐慌，無論如何爸媽一定要將說謊當成是求救訊號，再帶著孩子往回細細推敲，尋找出真正的問題。

說謊所透露出的求救訊號不能視而不見

66 面對孩子說謊，爸媽應該這樣做 99

一、聽聽孩子怎麼說：

　　不論爸媽是否知道真相，都請先沉住氣也收起疑問，聽聽孩子怎麼說。當孩子表示已經把水喝完了就是喝完了，讓孩子知道「爸媽了解也知道了」即可。

二、觀察事實不懷疑：

　　先相信與同理不拆穿，保持耐心多觀察2～3次（以無立即危險性，無影響防礙他人為前提）。有些爸媽雖不拆穿卻忍不住用暗諷或是威脅的方式想讓孩子說出實話，其實這個方式很不好，反而讓孩子更焦慮也會因此急著製造另一個謊言來掩飾爸媽的懷疑。

三、給予關心與協助：

　　關心問候孩子喝水的狀況：「最近帶去學校的水會不會太多或是太少？有沒有需要調整的地方呢？」當孩子感受到被同理時，

就能思考整件事情的本質，也能主動說出所面對到的困難是什麼，主動向爸媽尋求協助與溝通。

相信孩子有能力別急著否定，孩子說謊通常是因為害怕被爸媽責備，恐懼讓他們寧願隱藏也不願對爸媽傾吐真相。這些謊言是孩子發出的求救訊息，表示他們真的迫切需要爸媽的幫忙，別再執著地追究說謊的罪責，該正視的是孩子「為什麼需要說謊」，而這是身為父母的我們應該學習與反思的方向。

孩子會長大，面對外界的誘惑只會越來越多，標準也越來越多重，除了家庭裡的家人、學校的師長同學外，將來還有更多的人事物要面對，如果一味地要求孩子專注在「成為好孩子」上去努力，孩子將無法認識與認同真正的自己。

人本來就不可能完美，不要逃避負面的自己，因為犯錯才能更了解自己也學習如何應變和發自內心地改善缺失，而不是為了扮演好大人心目中的好孩子，小心翼翼藏匿過錯而不斷地說謊再圓謊。要培養孩子的責任感，請先傾聽孩子心裡真正想說的話並給予尊重。孩子有了爸媽給的信任才有自信面對自己的過錯，也能對自己的行為負責任、勇於承擔後果更不害怕面對挫敗！

當孩子不違背心意去了解真正的自己並對自己的行為負責時，那麼製造「謊言」就不再有任何動機了，教育就是讓孩子從經驗中學習負責的態度。正確態度累積孩子的正能量，要成為什麼樣的人、該做什麼事，這些答案在孩子心中會越來越清晰的。別讓孩子活在好孩子的過度期待裡而失去了自己。

抱一下、親一下，又沒有什麼關係？
保護我們的孩子免於任何暴力，
請從孩子出生的那一天起開始學習與練習，
設立身體界線勇敢拒絕不當接觸

故事是這樣開始的……

　　媽媽帶著庭語（3.5歲／女孩）用過早餐後，就前往離家不遠的市場買菜。庭語最愛和媽媽一起上市場逛了，因為在買完菜後，媽媽會帶庭語去坐投幣式搖搖車再慢慢走回家。一路上，庭語也幫忙扶著置物籃車跟著媽媽前進，每到一個攤位停下時，庭語會跟著媽媽一起挑選蔬菜水果，認真的模樣讓大家覺得好可愛也一直稱讚庭語是個貼心的女兒，會幫忙媽媽一起買菜。庭語知道大家是在稱讚她而害羞地躲到媽媽的身後，扭著衣角把臉都埋進媽媽的衣服裡。

　　媽媽拍拍庭語告訴她：「不要害羞啦！大家都喜歡妳也覺得妳好可愛，很棒呢！要謝謝大家，才有禮貌喔！」庭語

露出一點點大家看得到的角度，很小聲地和大家說謝謝又埋進媽媽的衣服裡。離開攤位時，庭語仍然感到很不自在，一直扭著媽媽的衣角不敢看大家。

「庭語，我們再買最後一樣菜，就帶妳去坐搖搖車喔！」

「嗯嗯，好～」庭語甜甜地一直笑著。

媽媽帶庭語走到最後一攤挑選前天和老闆預訂的有機菜，老闆娘看到庭語跟著媽媽來市場總是很開心，因為她好喜歡庭語。

「你看你看，這個小女孩長得真可愛又很乖巧，我每次都看她乖乖地跟著媽媽不吵不鬧，好懂事，真討人喜歡。」老闆娘對著另一對來買有機菜的夫婦這樣說著。

「真的好漂亮喔！妹妹今年幾歲啦？」那對夫婦邊問邊摸著庭語的小臉蛋。

「她三歲半了。」媽媽牽著庭語的手回答。

「妹妹真的好漂亮，媽媽把妹妹照顧得很好呢。妹妹來，阿姨叔叔抱抱好不好？」那對夫婦突然地張開手臂要擁抱庭語。

「她比較怕生，不好意思！」庭語被眼前這對陌生夫婦突如其來的舉動嚇壞開始放聲大哭，媽媽見狀立刻抱起庭語

安撫。

「對不起，對不起！怎麼哭了呢？沒事沒事的，我們不是壞人啊！」那對夫婦急忙跟著安撫。

「唉喲！妹妹怎麼這樣就哭了呢？抱一下而已啊，有什麼關係呢？不要怕啦！喜歡妳才會想要抱妳，不喜歡妳才不會咧。好囉，別哭了，別哭了，姨婆給妳棒棒糖吃喔！來，姨婆抱抱惜惜。」

「來，庭語不哭不哭，姨婆要給妳棒棒糖吃，給姨婆抱一下，好不好？」媽媽輕輕抹去庭語小臉蛋上的淚痕。

「不要！」庭語搖著頭也把媽媽抱得更緊了。

「今天怎麼這樣子呢？這樣沒有禮貌喔！妹妹今天有點任性……媽媽啊，我覺得妳平時要多帶妹妹出來，她就比較不會怕生了。不然啊，碰一下、摸一下就哭，以後怎麼跟人相處。」老闆娘皺著眉頭仍想逗弄庭語。

故事中的爸媽一定覺得是……

　　有時侯帶著小孩出門難免會遇到喜歡孩子的長輩或是路人，其實我們也都知道那是善意的表示，但是孩子就是不願意和他們有任何互動。加上庭語又比較怕生，我們每次跟她說：「沒關係，給叔叔阿姨抱一下，他們覺得妳很可愛啊！」庭語總是皺著臉搖頭說不要，有時侯還會哇哇大哭把場面搞得好尷尬，我們也很不好意思。或許庭語真的是太內向太羞怯了。

其實孩子只是……

　　我真的很怕陌生人，我不認識他們，但是陌生人會一直想要摸我或是想要抱我，我不想要這樣。我希望爸爸媽媽可以來幫我或救我，可是不知道為什麼爸爸媽媽總是要我接受陌生人抱抱呢？我會怕聽到陌生人說我很可愛，因為一聽到就表示可能要被不熟的叔叔阿姨抱抱了。

我們可以陪著孩子一起學習，一起成長！

💜 誰說抱一下、親一下沒有關係？

　　皮膚是人體中面積最大的器官同時也是感覺接受器，可以接受冷、熱、壓力、疼痛與觸覺，而觸覺是孩子在認識探索世界、與人互動接觸傳達情感最重要的一個感覺。剛出生的孩子能夠因為媽媽雙手的溫柔撫觸按摩而穩定情緒，透過撫觸可以促進髓鞘化，還能夠讓大腦產生多巴胺、褪黑激素、泌乳激素、催產激素，並建立良好健全的親密感與依附感。溫柔接觸與撫觸孩子也可以消除孩子的緊張、焦慮、憤怒、傷心等情緒，上述這麼多對孩子的好處看起來都很好，那為什麼抱一下、親一下就不行？

　　孩子的純真與可愛真的很難讓人不為他／她停留、想摸摸可愛的小臉蛋或是想和他／她多玩一會兒，但很多人卻不知道當我們自以為是友善的肢體接觸而張開雙手要去碰觸、擁抱孩子的種種行為對孩子而言卻可能會造成一輩子的心理障礙，也許你會認為抱一下、親一下應該還好吧，有什麼關係呢？未免說得太嚴重，喜歡才會想要抱抱孩子跟孩子玩啊，不是嗎？

　　透過皮膚的觸覺可以傳遞各種情感的感覺，爸媽是孩子最親近、信任的人，孩子也會記憶和爸媽的這份愛的連結，那不是任何人可以代替的情感，這份情感只屬於你和孩子。所以在遇到不熟悉的陌生人尚未和孩子做互動前的基本認識，就馬上要逾越那條孩子在心中已建立好的身體界線去抱孩子，孩子怎能不害怕、不焦慮、不緊張呢？這樣令孩子不舒服的觸覺會產生壓力與恐懼，更混淆了對身體界線的認知。

孩子不會因為隨著年紀增長而突然明白身體自主權與隱私權的重要性

　　所有的爸爸媽媽都會依照孩子成長的每個不同階段給予不同的刺激學習，希望讓孩子成長得更好。當孩子開始有「我的」概念產生時，爸媽會加強你的、我的、他的，物權、所有權的概念，好讓孩子清楚分辨也能表達正確的意思，不過卻容易忽略「我的身體自主權與隱私權」的重要性，甚至認為等大一點或懂事一點再教就可以了。

　　身體自主權與隱私權並不是用說教的方式就能夠學會的，孩子年紀小只會接受到「不可以」的指令，但卻不知道為什麼不可以，爸媽必須讓孩子明白，屬於身體的一切都不是任何人可以隨意碰觸的，人和人之間要建立身體的安全界線，保護自己也尊重他人，不論什麼原因都不可以輕易地踩線。

　　什麼時侯教導孩子要學習保護自己並不是等孩子長大懂事了，而是從孩子出生後就要開始做感官的練習。剛出生的寶寶非常可愛會讓人想要一直抱著呵護著，爸媽與家中長輩們也會搶著又親又抱，寶寶在這樣抱過來抱過去的過程裡是被動的，即使孩子真的感受不舒服也不會被認為是不願意被碰觸，反而轉向另一個可能的生理需求，例如：尿溼了、肚子餓了、肚子漲氣。這並不是在責怪大人們不在乎寶寶而是沒有人真正了解寶寶也有不想被碰觸的時侯。

　　寶寶雖然不會開口說話，但仍然是一個獨立的個體，我們也要有絕對的尊重。當你要擁抱孩子前，請看著孩子的眼睛溫柔地告訴孩子「媽媽要抱你／妳囉」、「爸爸現在要幫你／妳擦屁屁囉」、「奶奶現在要幫你／妳洗澡囉」，再抱起孩子或協助孩子的

需求。孩子的各項感官與物體恆存概念雖未發展成熟，但是卻能夠因為每日的練習感受到被尊重；在被觸碰身體前都會得到爸媽或家人的告知，而這些都能幫助孩子提升身體意識與身體自主權的建立。

灌輸正確的觀念沒有什麼好難以啟齒的，別讓沉默影響孩子的未來

在孩子慢慢長大的同時千萬不要刻意地簡化或含糊帶過任何有關「身體界線、身體自主權、性知識」的觀念，孩子若是因此帶著模稜兩可又不太正確的想法就無法真正理解。當孩子對知識的渴求一直得不到答案時，往往就會急著想用自己的方式去探索去嘗試或是去證明，然而「結果」很有可能遠在我們的預期之外，所造成的傷害甚至一生都無法抹滅。

任何事情都有可能在我們未曾留意的那一瞬間發生，並不會因為孩子年紀小而有所改變。身為孩子的爸媽，不該再認為這只是一些細小如碎片般的芝麻綠豆小事且靜靜地等待孩子長大就會自己懂得那深刻的道理。再細小的碎片經過一層又一層的堆疊與拼接終究也能成為最傷人的利刃，而成為手握利刃的那個加害者的人會不會很有可能就是我們呢？

孩子的認知能力只會越來越成熟，在給予永遠不嫌多的學識教育時，別讓保護自己身體自主權的重要教育從中被擠掉了。培養孩子再多的能力卻沒有保護自己的能力，那是衝突還是矛盾呢？

服從權威的時代把孩子原有的認知徹底催毀並剝奪孩子拒絕的權利

孩子總是要先學會服從教育者的權威，我不否認這的確是最快速的方式。孩子也真的會遵守規範，不過孩子之所以會服從，是因為爸媽只丟出二擇一的選項，讓孩子不得不為了自己而做決定，並不是打從心底的服從。

此文中的庭語已多次展現出不想和不熟悉的大人們有任何肢體接觸的態度，但大人們卻忽視庭語也是個獨立的個體需要被尊重，反而想要有更進一步的接觸，這已讓庭語深陷恐懼之中，當出現抗拒、哭泣等自發性反應時卻被誤解為沒有禮貌。

當庭語小小的腦袋瓜裡因為裝不進這些衝突而混亂哭泣時，姨婆拿出了糖果要庭語妥協並接受「想要抱抱妳的人都是因為喜歡妳，絕對不會是壞人」的錯誤觀念，而這好像是在引導孩子，當他人用物質或精神言語來取悅或做任何交換時，孩子就必須要答應做出回饋，否則這會是一件沒有風度也無禮的行為。這樣的錯誤價值觀在孩子幼小的心裡會有多大的衝擊，而我們是否還會認為強迫孩子給不熟悉的人抱一下、親一下沒有關係呢？

帶孩子出門真的難免會遇到這樣的情況，但爸媽不用因為在「禮」的注目下，不好意思拒絕而要求孩子妥協，孩子看著爸媽這樣的應對也會不敢說「不」，如此一來要如何教育孩子保護自己呢？爸媽可以這樣告訴對方：「謝謝稱讚，真是不好意思，我們正在練習如何保護自己的身體，拒絕不正當的碰觸，練習說『不可以』」，相信對方一定會理解。如果真的無法理解那也沒有關係，因為每個人的想法與教養方式不同，彼此尊重即可。

保守的社會風氣和傳統教育總是教育孩子忽略自己的自發性反應，不要放大過錯，學習看淡自己的傷來成就「和諧」，很多事情一直不斷地在發生甚至是「正在」發生，只是我們不知道。請保護我們的孩子也讓孩子擁有拒絕的權力，別讓我們的孩子受傷；更別讓我們的孩子學會隱忍與自責，最後連為自己舔舐傷口的能力也失去了。愛我們的孩子請視孩子為完整的個體，同理並且尊重。

孩子，你沒有錯。你當然可以不分享！

分享的前提是必須
先學會保護自己和尊重他人，
被強迫的分享是勒索並不是禮讓

故事是這樣開始的……

爺爺奶奶週末遠從南部上來台北看小介（4.5歲／男孩），爸媽為了表示歡迎與感謝，特地帶小介的爺爺奶奶到飯店品嚐當地有名的料理。小介在用餐時的表現相當好，沒有哭鬧也沒有挑食，還主動把大塊的肉肉分享給爺爺奶奶，並撒嬌地說最愛爺爺奶奶了，讓全家人聽了都好開心也好感動。

用餐完畢後，爺爺奶奶提議取消逛街，想帶小介去飯店的另一個兒童主題樂園樓層玩，於是全家人來到主題遊樂區。小介看到了滿滿的遊樂設施還有最喜歡的電動車，興奮地跳來跳去，還來不及等爸媽放手就自己跑去玩了。因為是

假日的關係，所以人很多也很熱鬧，大部分熱門的遊樂設施都需要排隊等待一下。小介排隊等了一會兒終於有人讓出電動車，他開心地坐在電動車上，很帥氣地一直左轉右轉，想向大家展現他的開車技術，就這樣開了好久也拍了好多可愛的照片。

這個下午小介玩得好開心，離開前還依依不捨地說下次還要再來。爸媽接著帶爺爺奶奶到海邊看海品嚐下午茶，小介也在海邊的沙灘上玩，不久後來了一位小女孩（大約3歲左右）想要和小介玩，爺爺看見這樣的狀況馬上拿了小介的沙灘玩具給小女孩，並邀請小女孩一起加入玩扮家家酒。不過爺爺的這個舉動卻讓原本開心的小介瞬間變了臉，「不行！那是我的挖土機，不行借妹妹。」小介順手又搶了回來。

「小介啊，你借妹妹玩一下嘛，要懂得分享啊！妹妹沒有帶玩具來，你是哥哥，可以分享給妹妹玩，不要這麼小氣嘛，好不好？我尊重你，所以才問你啊。」爺爺溫和地勸說著。

「沒關係，沒關係，那本來就是哥哥的玩具，不要強迫哥哥借玩具，妹妹沒有玩具也可以玩的，謝謝你們喔！」小女孩的爸媽很感謝。

「可是，我想要玩挖土機，我都沒有挖土機。」妹妹突然想起自己沒有挖土機而在意著。

「妹妹，不可以這樣喔！那不是我們的玩具，不可以吵喔！」妹妹的爸媽叮嚀著也牽著妹妹準備要離開。

「小介，你看妹妹都沒有挖土機的玩具，你分享一下沒關係的，你們還可以一起玩，等一下她就會還給你了。」奶奶繼續說服小介要分享。

小介沒有說話，於是奶奶就把挖土機拿給了妹妹，爺爺也同時誇讚小介好棒，是個懂得分享的哥哥。

不過，小介卻放下了手上的沙灘玩具跑向爸媽，抱著爸媽哭了起來。「怎麼啦？！沒關係啊！這有什麼好哭的呢？哥哥要分享不要這麼小氣啊！」爸媽擦掉小介的眼淚安撫著。

故事中的爸媽一定覺得是……

玩具每天都可以玩，而且借給妹妹玩也不是不會還啊！怎麼那麼小家子氣呢？孩子要懂得分享才交得到朋友啊！而且分享是美德，從小學會分享才不會長大變得很愛斤斤計較，男孩子要大方一點，要有風度，這樣人家才會想要跟他玩。孩子不懂分享不就代表我們教育很失敗嗎？

其實孩子只是……

那是我的玩具！我不想給別人玩，因為我等一下就要玩挖土機了，妹妹可以先玩我其它的玩具。爸媽不是說拿別人東西前，要先經過別人同意嗎？為什麼沒有人問我可不可以借，爺爺奶奶就把挖土機直接拿給妹妹了。我沒有小氣，是妹妹自己沒帶玩具來海邊的。我只是不想現在把挖土機借妹妹而已。不要一直罵我。

我們可以陪著孩子一起學習，一起成長！

♥ 強迫孩子分享，並不是真正的善解人意

「尊重」是親子溝通裡很重要的一個態度，但是「尊重」常讓大家感到有所疑惑。我們知道要尊重孩子的選擇給予適當的自由，但某些時候卻又不允許孩子能夠有選擇的機會，保持同理心去理解卻又常出現對立的失衡狀況。給予尊重的同時卻又繞了個彎告訴孩子「不可以」。這樣的情形一直存在著，所以孩子常常不知該怎麼做，因為每做就每錯。

爸媽對孩子總會有美麗的期待，誰不是呢？希望孩子善解人意、體貼有禮貌，不過也因為這樣的期待讓爸媽誤以為善解人意和體貼是靠訓練才能夠養成的能力，所以總是要求孩子要禮讓。

人與人之間最需要的是溝通與互動，現在網路發達的世代讓互動變少，溝通也更簡化，人際關係比以往單薄了很多，若是我們也把這樣極簡化的強迫式溝通帶給孩子，那麼孩子該如何學習有效溝通呢？並不是要教導孩子用強勢的態度來保護自己，而是要學會尊重與溝通的能力，增加適應社會團體環境的適應力。將「要懂得分享」丟給孩子就要孩子放棄屬於自己的權利，孩子在長大後如何正當的維護自己的權益呢？

分享，是你和我都能懂也進而能理解的感受，不過年幼的孩子對於「分享」二字卻是完全不知其意，只知道要無條件的「讓」才是有禮貌的表現。其實對孩子而言，分享一點也不開心，眼睜睜地看著心愛的玩具被拿走，那種被掠奪不舒服的感覺就是孩子所連

結認識的分享。很不舒服的感覺叫做分享，但大人們卻說好棒，常讓孩子的內心充滿矛盾與不安。

♥ 哭鬧就一定會得到？爭來的並不是真的「擁有」

年紀較小的孩子表達能力尚未成熟時，會以哭鬧的方式來表達需求，這並沒有錯，但因為孩子不夠理解，爸媽更要多花心思讓孩子在每一次相同的情況下多做練習，我們常會遇到因為怕孩子哭鬧而禮貌性地要年紀稍長的孩子立刻讓出玩具或是自己的東西做為分享。不過我們卻忘了年長的孩子也可能只不過年長了一點點，就像文中的小介其實也只是個年幼的孩子。

當年幼的孩子因為對方不分享而傷心時，爸媽也不用急著帶離現場或是立刻接受對方因為不好意思的禮讓，這樣的過程會讓孩子誤以為哭鬧就能擁有對方的玩具，下一次孩子就很有可能會重覆這樣情緒反應。但這並不是孩子使壞，而是爸媽的立場未表明清楚，孩子所感受到的經驗也就會認為這一切都是理所當然。

⭐ **我傷心哭泣時：**

爸媽就會立刻同理我的傷心而為我向對方請求或要求原來就不屬於我的東西。

⭐ **我傷心哭泣時：**

爸媽為了安撫我，就會立刻接受對方讓出手裡的玩具，讓我也能擁有不屬於我的東西。

⭐ **我傷心哭泣時：**

爸媽會為了我做任何事，只要我覺得傷心難過。

當孩子傷心哭泣欲得到對方的玩具時，爸媽先別急著擺脫尷尬而跳腳也不要轉移孩子的焦點，反而可以藉此教導孩子尊重的概念。以文中小介的故事舉例來說，女孩的爸媽可以先向小介本人、家人打聲招呼。

「哥哥，你好！很高興認識你喔！別擔心妹妹哭泣，妹妹正在學習認識朋友、與朋友互動的方式。」

「謝謝你願意分享玩具給妹妹玩，不過你有權利可以不分享給妹妹，因為那是屬於你的玩具，你可以自己做決定，即使妹妹真的很想要玩也需要經過你的同意喔！如果哥哥你願意等待，請給妹妹和我們一點時間，讓我們引導妹妹如何與朋友做互動，再回來找你玩，好嗎？」不論對方（哥哥）願不願意分享，都可以這樣向孩子說明，別急著要孩子分享。

「妹妹，我們知道妳現在很傷心，但那並不是我們的玩具所以不可以任意拿取，如果妳的東西被別人任意取走，妳一定也會很傷心對不對？想要借不屬於自己的玩具就必須要經過他人的允許，這是應有的禮貌與尊重，也才不會傷害了玩具小主人的心。如果妳是那位哥哥，妳會希望怎麼做呢？」爸媽可以引導孩子換位思考學習尊重他人的意願，了解什麼是真正的分享，爭奪來的並不是真的擁有。

如果孩子沒有回應或表達出為什麼不要分享的答案時，那正是孩子在思考與釐清各種情況發生後所得到的感受，並不是在頂撞或是挑釁，就像爸媽也常問孩子「你為什麼不睡覺？」「你為什麼不想吃飯？」只是單純想要了解原因而已。

　　孩子對於「物權」的概念，不是那麼清楚甚至是不能理解的，爸媽不能只是口頭上說著要尊重，而是要教導孩子尊重他人的物權與意願，也學習自重。否則影響孩子日後的人格發展，也會誤解有關自我利益的維護，把自我利益建立在剝奪別人的權利上。

💙 樂於分享的前提必須先學會保護自己和絕對的尊重

　　長輩和爸媽應該讓孩子充分理解「分享」是基於同理後而能有體諒的心意並進行思考分享的意義。這份理解與關懷能讓孩子主動思考對方的請求或需求，當孩子能夠開始主動思考這個問題時，就代表孩子對於分享的意義已能同理，接下來請以尊重的方式詢問孩子的意見，當孩子表達出最真實的感受時，也請父母尊重孩子的決定，切勿一味地要求孩子分享。

　　孩子通常被教育要懂得分享做個善解人意的孩子，所以常會有非自願性的假分享，而孩子的內心也必須認同分享是快樂的？但那並不是真正的快樂，是父母看在眼裡感動在心裡被扭曲的善解人意。

　　因為被這樣教育，所以不論在什麼地方，只要有人不願意分享就會變成全民公敵，立刻會被冠上小氣自私的封號，承受那些不負責任的輿論壓力而放棄自己應有的權利並讓出了自己的物品。

　　每個人都說分享是一種崇高的美德。仔細想想好像沒有誰對誰錯，只是我們疏忽了分享對孩子而言本就是抽象的難以理解。很

多敏感細膩的孩子甚至為求在爸媽或師長心目中的表現而捨棄自己真實的想法，或是放棄自己的權利去做所謂的分享，因為想得到更多的認同與讚賞。分享原本是美意，怎麼變成了孩子說不出口的壓力呢？

強迫孩子分享等同要孩子順從陌生人的請求

當爸媽要求孩子懂得分享樂於分享時，是因為我們了解週遭的環境也知道來自於陌生孩子的請求很單純，所以下意識地會教導自己的孩子做出分享。但是孩子並不熟識環境也不知陌生孩子請求的用意，孩子仍在質疑、摸索著對方是誰、為什麼要拿走我的玩具時，爸媽卻馬上引導孩子「要分享」，這不是讓孩子「順從陌生人的請求」嗎？這完全讓孩子陷入混淆的認知裡，又失去信任與安全感，並不是我們該給孩子的教育方式。

爸媽要全力協助孩子面對並按照自己的心意也尊重他人做出真正想分享的分享，別讓孩子心中的分享只剩下恐懼不安、排斥與不快樂，爸媽要學習引導不逼迫，理解孩子最真實的想法也是親子之間相當重要的尊重。

分享的美意與快樂需要孩子真正體會，但很難讓孩子咀嚼文字、理解出深刻的意義，不過卻能從日常生活的體驗中學習感受「分享」的概念。讓孩子先學會尊重、同理才能真正感受到分享的快樂。

未經允許就擅自做出不合理的要求是強迫且無禮的行為。「請」、「謝謝」、「對不起」要常常和孩子一起說，才能讓孩子學會真正的尊重並感同身受。用愛與尊重和孩子練習是親子互動和建立良善人際關係中不可缺少的養分。

不打招呼、不叫人，就是沒禮貌沒家教？

大人世界裡的人情世故
不應該成為孩子開不了口的壓力

故事是這樣開始的……

故事一：

　　奶奶帶著軒杰（6歲／男孩）在社區中庭玩，軒杰和同社區的小朋友們玩得鬧哄哄的，每個人的臉都紅通通的。此時奶奶的朋友來到社區裡找奶奶聊聊天，奶奶立刻把軒杰叫了過來並要軒杰向奶奶的朋友打招呼。

　　「來！軒杰，你要叫姨婆。」軒杰看著奶奶沒有說話。
　　「軒杰，你要叫人啊！」軒杰仍然看著奶奶沒有說話。
　　「喂！你怎麼那麼沒有禮貌！叫人啊」軒杰看了奶奶和奶奶的朋友後跑離開了。

　　「陳軒杰，你給我回來！你讓我面子往哪裡擺，我們平常是怎麼教你的？你看我回去怎麼跟你爸說。」奶奶很生氣

地警告軒杰並向朋友說不好意思。雖然奶奶的朋友並沒有放在心上，但奶奶顏面盡失已經氣炸了，向朋友道別後立刻拉著軒杰回家，不准軒杰和其它小朋友們玩了。

故事二：

爸媽帶著穎媛（4歲／女孩）搭乘最早的高鐵班次回南部看爺爺奶奶和親戚。大家一看到可愛的小穎媛回來，忍不住跑到門口迎接她，大家圍著她你一言我一句的要小穎媛和大家打招呼，這時小穎媛被突然來襲的問候嚇得有點不知所措，一直要爸爸抱抱。

「穎媛啊，妳怎麼沒有叫爺爺奶奶？」

「穎媛，我是姑姑啊，他是姑丈，妳忘記了嗎？」

「穎媛啊，妳怎麼躲起來了啊！妳這樣讓我們很傷心耶，妳都不理人。」大家圍著被爸爸抱起來的穎媛試圖拉近和穎媛的距離。但是穎媛被嚇得哭了出來還把大家的手通通揮開。

穎媛這一揮把大家的好心情也揮走了，爺爺嚴肅地對穎媛的爸爸媽媽說：「穎媛怎麼不跟人打招呼？這樣不行，孩子要好好教，不能縱容她想怎麼樣就怎麼樣。小時候不教，長大不就目中無人了。」

「對啊！對啊！穎媛現在還小一定要好好教。哥哥嫂嫂，你們這樣太寵了吧！」穎媛的爸媽還來不及回應爺爺的話，姑姑們也一致這樣認為。

　　「穎媛啊，妳要當個有禮貌的小公主啊！妳趕快叫人，奶奶帶妳去買糖糖喔！」奶奶試著安撫穎媛，但穎媛仍然躲在爸爸的懷中哭泣。

故事中的爸媽一定覺得是……

小孩的功課不好沒關係，但人品要好啊！看到人都不打招呼，這麼沒有家教的行為怎麼可以允許呢？該教的時候就要教好。沒禮貌的小孩沒有人會喜歡，帶出去多丟臉啊。小小年紀就這樣，以後怎麼辦？

其實孩子只是……

他／她們是誰？我全部不認識。沒有天天住在一起的親戚，我需要一點時間重新熟悉，他們可以不要一直看我嗎？這樣會讓我更害怕也不知道要怎麼辦。可以給我一點勇氣讓我準備好一切嗎？那是你們大人的朋友，不是我的朋友！

我們可以陪著孩子一起學習，一起成長！

♥ 羞辱是暴力的手段並不是真正的教養

爸媽對於孩子不打招呼也不問好的行為總是感困擾，大人和小孩的表達方式和行為是不同的，不能因為孩子無法做出和爸媽一樣的表達就完全否認孩子的表現。即使自己的孩子也不能用傷害自尊的方法來教導孩子有禮貌，一旦孩子的自尊受傷感到被羞辱，孩子就難以信任爸媽也不想服從管教。

孩子不打招呼的原因有很多，爸媽都還未試著找出原因就先恐嚇羞辱孩子，這也等同於教導孩子要忽略自己的情緒也不必去在意別人的感受，只要不利於己就可以隨心所欲地去討回來滿足自己。言語暴力傷害了親子間的親密關係和孩子的自尊心。

做個有禮貌的好孩子也需要有個能做好榜樣的爸媽，讓孩子有對象可以學習模仿。如果爸媽平時就沒有問候的習慣，那麼孩子就沒有練習的機會，這樣要如何讓孩子突然變得有禮貌呢？讓孩子懂禮貌，就要從小開始練習，不是每次都等到出門後遇見了誰才用強迫的方式逼孩子打招呼問好，當孩子還一頭霧水搞不清楚狀況時就被斥責沒禮貌或是詛咒孩子長大後一定是個沒用的人，連自己的爸媽都這樣把自己看得一無是處，可想而知孩子會有多傷心。

♥ 不打招呼，到底是孩子小氣？
還是大人沒有肚量呢？

年幼的孩子難免會有生理、心理與作息不適應的情緒，爸媽一定要懂得去仔細觀察孩子的需求並體諒，執著地要求孩子一定要

打招呼問好，只會造成孩子對於打招呼的行為產生恐懼和抗拒的連結，也更加不喜歡爸媽強迫孩子要去問好的那個對象。

簡單的一句「你好！」在爸媽看來沒什麼，但在孩子心裡是需要做好準備才能自然地說出口的一句話。每個孩子的氣質不同而準備好的時間也就不會相同，有的孩子確實可以很輕鬆自然地看到任何人都打招呼問好，但有些敏感害羞內向的孩子就是沒有辦法輕鬆地打招呼問好，即使對象是認識的親戚，敏感害羞內向的孩子也特別需要一點時間建立安全感與信任感。

爸媽可能會覺得不可思議，只不過是打個招呼而已，有什麼不能說出口的心事呢？當爸媽總是這樣認為時，就代表自己或許還沒有準備好要協助孩子找出真正的原因，所以不願意站在孩子的立場去關懷他們。這樣漠視孩子的想法與感受是一種無止盡的惡性循環。

♥ 希望孩子懂禮貌，尊重與理解是第一步

▶ 給孩子心理準備的時間，認識了解對方

除了親人以外的人，對孩子來說都是陌生人。孩子無法在短時間內熟悉對方也會害怕這個陌生人會不會傷害自己。「陌生人要對我做些什麼呢？」「為什麼要和陌生人問好呢？」這些一層又一層的焦慮，讓孩子不敢靠近也不敢直視對方的眼神說話，因為缺乏安全與信任感。換個角度來想，孩子對陌生人有警戒心，也是一種可以保護自己又能分辨他人的發展能力。

在可能預先知道的情況下，先告訴孩子當天會遇見的人有哪些，讓孩子預先做好心理準備，但請不要用威脅的方式要孩子一定

要問好，否則就會有任何的處罰或取消孩子喜愛的活動。當孩子仍然因為某些因素不敢開口問好也沒有關係，不需要因此在眾人面前大聲責備讓孩子感到羞愧。

▶ 爸媽做最好的榜樣，孩子也會自然而然地學會

有禮貌除了要常説「請」、「謝謝」、「對不起」之外，隱藏在生活中的小細節也可千萬不要忽略，例如：早上起床後主動和孩子道早安、睡前説晚安、離開時説再見、用餐前請感謝爸媽的用心、探訪長輩或朋友時爸媽先主動問好。孩子看著爸媽這樣做也透過每日的問候漸漸養成禮貌的習慣，就可以自然而然地主動打招呼，而孩子的社會適應能力也會因此提升。

打招呼輕鬆自然即可，可多利用繪本引導孩子做情境練習慢慢增加孩子的信心。過度強制孩子打招呼問好會讓孩子更懼怕打招呼，禮貌本來就不容易讓孩子完全理解，孩子會説要有禮貌也皆是聽從大人的話。

打招呼本來就是一件再自然不過的事，別因為少了對孩子的理解而讓一切變難了。

♥ 大人們總覺得不受尊重，孩子又何嘗不是呢？

「孩子不打招呼」這件事，其實很多時候爸媽並不會為此發脾氣，是當爸媽聽到了他人對自己孩子的批評感到不捨與難過，也因為懷疑自己是否真的沒把孩子教好而感到內疚與羞愧，就不自覺地轉向對著孩子發洩委屈，大聲責罵孩子沒有禮貌，好讓自己的無助似乎可以找到一個合理的理由，背負罪名的責任就由孩子來背，

因為把責任推給孩子總比爸媽不會教還更容易取得他人的體諒。

大人的世界裡有好多人情世故要計較也要比較，人情世故也就變成了一種道德倫理的陷阱，好像讓人不得不爭個對錯或拼個輸贏來證明。大人們總是堅持著心裡的高標準或是利用家庭輩分權威希望孩子可以達到心裡的成就。但爸媽知道嗎？這使得孩子心中充滿矛盾、罪惡與不安。因為孩子不是正在學習檢視陌生的人事物嗎，為什麼這樣的檢視能力不能被理解反而要被責怪無禮？孩子得不到任何尊重也失去社交的勇氣和情緒控管。

大部分的長輩非常重視倫理道德，總是認為孩子沒有先向他們問好就是沒有禮貌也不被尊重，所以常會讓爸媽卡在中間也背負著沒管教好孩子的罪名。文中穎媛的狀況就是這樣，對於所有人把目光聚焦在她身上感到極度不安和焦慮。

長輩常會有同樣的疑問，又不是沒見過，我們也不是陌生人怎麼還會怕生？其實孩子對於每天生活在一起的爸媽或主要照顧者會產生情感上的依附連結而這也是安全感的建立，所以即便孩子再熟悉，只要是沒有住在一起生活的親人對孩子來說都是陌生的，需要一點時間來熟悉與建立安全感。

爸媽可以試著先和長輩溝通，當孩子與長輩親人見面時，盡量不要一擁而上向孩子討問候、討親吻、討擁抱，這樣會嚇著孩子也讓孩子不自在更說不出話。可以等待孩子進門後，溫和地主動向孩子揮揮手打招呼：「穎媛午安，爺爺奶奶很高興看到妳回來喔！妳如果還有些緊張可以先和爸媽坐下來休息。」當孩子進門休息還未說話時也不要急，孩子只是在確認環境與所見到的人對自己是否安全，等孩子都準備好了，就會卸下緊繃的心防和大家互動了。

孩子能主動和大家打招呼問好後，請繼續用最自然的方式與孩子互動，不要再把剛才不敢開口打招呼的事又拿出來數落孩子，增加孩子的罪惡感也造成對立與心理衝突。孩子需要的是我們的體諒與肯定，給孩子時間，孩子會越來越進步的。

♥ 學會打招呼是孩子慢慢社會化的過程，請尊重每個孩子的發展

孩子在嬰兒時期階段只認識爸媽、手足和主要照顧者，慢慢長大後會隨著其發展認識更多人，但並不會每一位都熟悉。爸媽可以多多向孩子介紹，爸媽在介紹時可以主動打招呼讓孩子增加安全感願意靠近學習，也藉著每一次的練習培養禮貌。

孩子需要被尊重也需要自己慢慢克服及適應各種環境的壓力，爸媽可以引導孩子多與人接觸互動，練習社交技巧，別因為過度保護而不讓孩子與人接觸。過度保護，孩子反而更沒有安全感也沒有信心可以去適應外面不同的環境、克服壓力。爸媽絕對不會希望孩子每次都躲在身後等待著爸媽幫忙處理。

孩子總會遇到適應方面的問題，不叫人不打招呼不代表沒家教，而是孩子遇到了我們未曾注意的困難，導致恐懼退縮。**感受孩子的情緒讓互動與溝通更有豐富的層次，質大於量的陪伴模式更可以貼近孩子的心。**

6

沒有為什麼，反正就是不行！小心神會懲罰你！

尊重孩子是獨立的個體，
孩子也有信仰的選擇自由權

故事是這樣開始的……

故事一：

「老師，我們家因為信仰的關係，再麻煩您幫我盯著和傑（7歲／男孩），中午在學校用餐時不能吃到肉類喔！」和傑媽媽提醒老師。

「我們家都不能吃肉！老師您的爸媽也有規定不可以吃肉嗎？為什麼同學都可以吃而我就不能吃！」和傑抬頭望著老師。

「唉呀！要你不能吃就是不能吃嘛，嘰哩呱啦的說什麼呢？快進教室去！」媽媽推著和傑並向老師再次提醒不能讓和傑吃肉後就離開學校了。

故事二：

爸爸送婕容（10歲／女孩）上鋼琴課的途中，買了一包炸雞給婕容吃，要婕容不能告訴媽媽。

「記得吃完的袋子要丟在教室裡，不要帶回家裡丟喔！」爸爸提醒著。

「好！謝謝爸爸！」婕容拿著爸爸遞過來的炸雞。

「回家之後千萬不要說溜嘴了，知道嗎？不要忘記了。」爸爸再次提醒。

「唉唷！我知道啦，我昨天下午在同學家就有偷吃咖哩豬排飯了。」

「而且我還跟媽媽說我沒有吃豬排，媽媽有相信喔！」婕容很有自信說謊不會被發現。

故事三：

「媽，剛剛同學約我去打球，我傍晚前會回來喔！」威平（16歲／男孩）正準備出門拿了球鞋要穿，正在看電視節目的媽媽嚇了一跳立刻關上電視走到門口。

「威平，我不是跟你說過了嗎！你這個月要小心血光之災，今天先不要去打球，免得受傷了。」媽媽要威平好好待

在家做靜態的活動。

「天啊！媽，妳會不會太誇張了？照妳這麼說我不就哪裡都不能去了嗎？」威平繼續換穿襪子。

「不是這個意思，你怎麼這樣說呢？我還不是怕你會受傷，只有這個月而已嘛，忍耐一下會怎麼樣呢？又不是以後沒機會打球，何必今天一定要打球呢？」

「那上學也還不是要出門？在學校體育課也會打球跑步，那這個月我是不是也可以不用去上課呢？反正妳可以幫我和學校請假，是不是？」

「從小到大如果不是我這樣小心保護你，你早就過不了難關也不會像現在這樣好好的了，你懂不懂父母對你的用心啊？！」媽媽又失望又生氣地對威平說。

故事中的爸媽一定覺得是……

　　宗教很重要！如果沒有誠心的話，神會懲罰我們而孩子的人生也不會順遂。現在的我們會這麼平安順利、孩子優秀乖巧聽話，一切都是神的眷顧和力量，所以我們要常感謝神讓我們的生活幸福。不能殺生更不能吃肉，這麼做都是為了孩子的幸福著想。

其實孩子只是……

　　真的有神嗎？神是最偉大也最厲害的嗎？地球是神創造的嗎？為什麼每個人都說自己信仰的神是最偉大的，也不容許我們提出疑問只能嚴格遵守規定，不可以這樣也不可以那樣的限制令我好困惑。

我們可以陪著孩子一起學習，一起成長！

 **讓親子關係變得更緊張，
真的是信仰的本意嗎？**

　　每個人對宗教都有不同的看法與見解，不論是哪一種派系都可以有喜歡與不喜歡的權利，這是每個人的信仰自由。但孩子也能像大人一樣擁有自由選擇的空間嗎？

　　我曾遇過爸媽的信仰不同而各自要孩子遵守其教條，讓孩子不論聽誰的都不對，甚至會被恐嚇處罰，導致孩子對於「神」極度恐懼，常常害怕被神懲罰，如果不小心跌倒了就會擔心是不是來自於神的懲罰。還有一個孩子被規定不能出席哪幾天的學校活動，因為擔心孩子的出入安全，所以舉凡學校的校外教學或是游泳課都必須經過家人審核安全才能出席；有一次因為校外教學的日期是不利於孩子的，於是決定不讓孩子參與，讓孩子哭得很傷心。

　　很多爸媽在食衣住行上會尊重孩子的想法也會與孩子做溝通，但只要遇上了宗教與信仰就完全沒有可以討論的空間，有時候連有疑問都會被認為是罪過。以上這些例子都是「喜好與信仰」太過強烈的實例，出發點都是良善的，只不過在傳遞愛與良善的過程中是不是少了思考的自由和尊重態度呢？

　　在很多家庭中，大部分的事都可以溝通協調，但唯獨宗教和政治是「家庭」中不太能觸碰的議題；有的人終其一生都為了信仰和家人對峙著，有的人不知為了什麼而信仰，只因為家人要求如此。爸媽對於孩子的影響力從孩子一出生就開始了，一直到長大成

人也為人父母都還持續著，孩子在潛移默化下也會有和爸媽一樣的想法甚至連行為都相似，爸媽看著孩子身上的某個特質和自己相像時更會將期望投射在孩子身上，希望孩子一定要好、比自己更好。所以爸媽本身有著虔誠的信仰和時，就無法接受孩子的信仰與立場和自己不同，是因為爸媽在自己的信仰裡得到平安喜悅，也相信孩子可以在同樣的信仰裡得到幸福。

在不傷害人的前提之下，信仰本身沒有對錯，只是每個人的立場與喜好不同而表達的方式也會有所不同。在孩子的成長過程中我們可以尊重與包容其獨特與差異性，那麼在宗教與信仰之間，為何容不下一點點尊重呢？讓親子關係都背負了道德枷鎖，不是信仰的錯而是爸媽沒有勇氣去相信孩子。

信仰是發自內心的感動，並不是強迫來的虔誠

每個人的成長過程與經歷不同，心中的信仰一定是自己在身心靈上受到絕對的啟發或是感動，可是將屬於自己的感受強硬地也要孩子感同身受，這樣粗暴的限制思想與選擇無法讓孩子發自內心的感動，卻將對彼此的愛給推得更遠了。

孩子年紀小確實無法對於信仰有百分之百的理解，但是爸媽可以引導孩子去認識理解和學習尊重，別讓孩子陷在理性與情感的道德枷鎖裡糾結。年幼孩子並沒有明確的信仰，通常是跟著爸媽與家人的信仰立場去遵守，但孩子慢慢長大也會開始獨立思考並提出疑問找出根源，這個求知的過程並不是離經叛道，而是為了自己的人生更慎重。我們不是常鼓勵孩子要懂得思考擁有自己的想法嗎？做自己真正的主人並勇敢地為自己的人生負責，那麼信仰的選擇自

然也應該交還給孩子。

　　人不論獲得了什麼都不可能知足，也不會因為堅信某種論派或立場而一帆風順，難免也會有受傷遭受挫折跌至人生谷底的時候，不論你的立場與派系是什麼，絕對都需要「愛」來療癒並給予支持的力量讓自己堅強。「愛」可以是柔軟的關係、堅強的信念，更可以成為每個不同成長背景的人心中的信仰。每個人的內心都應該有自己的信仰，而這個信仰就是沒有隔閡的「愛」。

　　教育的本質非強行灌輸信仰或刻意曲解不同於自己的信仰，信仰本身沒有對錯也沒有正確答案，因為真正的答案是靠自己透過內心的省思去尋找而來的「相信」。在生命裡受苦的人不是因為因果報應或是被懲罰，不應該妄下定論。不論出發點是善意或惡意，沒有人有權力控制任何人，尊重他人的選擇自由，才是我們應該要學習的人生課題。

7

「我不要」、「我不想」真的不是叛逆欠管教！

爸媽是為了孩子好，
還是怕失去控制權？

故事是這樣開始的……

故事一：

　　媽媽幫麗莉（3歲／女孩）洗好澡準備穿衣服，麗莉卻在這時跑來跑去不想穿衣服，不論媽媽怎麼喊，麗莉還是一直說：「我不要！」

　　媽媽擔心麗莉會著涼，所以直接一手抱起麗莉回到房間穿衣服，可是不想穿衣服的麗莉也不想順從媽媽，於是母女二人在房間裡爭執著。

故事二：

　　謙謙（5歲／男孩）把雨衣帽子取下放入媽媽的手提袋裡，媽媽趕緊再將雨帽扣回雨衣上。

　　「謙謙，不可以拿下來，現在正在下雨，淋雨會感冒，快點戴好！」

「我不要！我不想戴！只是毛毛雨啊，媽媽！」

「什麼你不想！不可以說不要！趕快戴好，我沒有在跟你開玩笑喔！給你三秒鐘戴好帽子，聽到沒！」媽媽用力地將雨帽戴在謙謙頭上。

故事三：

爸爸媽媽週末帶著唯又（7歲／男孩）來到公園廣場練習騎腳踏車，因為剛拆掉輔助輪的關係，爸媽擔心唯又會受傷，於是要唯又穿上護膝與護肘，但唯又覺得好麻煩並不想戴上那些厚重的護具。

「爸媽，我不要再戴那些了啦，這樣我手腳都會卡住不好轉彎，而且我已經有戴上安全帽了。」

「不行啦！這樣摔倒怎麼辦？穿上穿上！輔助輪已經拆掉，這樣太危險了。」

「哪會危險？我已經練習過沒有安裝輔助輪的腳踏車了，不會摔啦！」

「唯又，我們是為你好也擔心你才要你穿上護具啊！快點穿上啦！囉哩叭唆的。」

「我真的不想！可不可以不要？我保證我一定會小心的。」

「不行！快點穿，不然就不要騎，我們回家！你自己選擇！」

「你們為什麼每次都要這樣強迫小孩？」

「因為你是小孩，我們是你的父母，小孩聽父母的話天經地義！」

故事中的爸媽一定覺得是……

　　真不知道孩子的小腦袋裡到底在想什麼，整天和我們對峙會比較開心嗎？明明就知道會有的後果，為什麼講過了還是一直說不要？我覺得有些情況並不是孩子第一次知道，怎麼好像是初次遇到而一直說不要不要啊？老實說，有好幾次我已經忍不住想要打孩子了。

其實孩子只是……

　　為什麼不能說不要？我真的不想也不要，為什麼不能說出我的感覺呢？我也想要試試不一樣的方式或是不一樣的做法。爸媽很喜歡規定我們要怎麼做，只要我們說了「不要」、「不可以」就一定會被罵！

我們可以陪著孩子一起學習，一起成長！

 爸媽不能接受孩子說「不」，
是因為失去了對孩子的控制權還是為了孩子好？

「爸媽在親子關係中的權利與地位似乎永遠都是最不可動搖與侵犯的，總是可以對孩子呼風喚雨也擁有先發制人的能力。」每當我說到這裡時，爸媽們總會不好意思地彼此互看笑而不答。其實，父母應該保有身為父母的威權，因為孩子身心發展尚未成熟時需要爸媽陪伴引導而不是一味地用錯誤盲目的愛放任寵溺孩子，但這個威權同時擁有愛與尊重，並不是強悍地控制對方將親子間的愛硬拉扯成一段沒有彈性也沒有溫暖的關係。

爸媽在照顧孩子的一天當中，對孩子說「不行」、「不可以」的次數應該不亞於孩子表達「我不要」的次數吧？請爸媽稍微思考一下，大人可以說不要，為什麼孩子不可以？這句話不是髒話也不是不好聽的話，但為什麼孩子只要一說出來就會惹得爸媽不高興？在教育孩子的漫長過程中需要很多試誤與練習的機會才能讓彼此有所成長，沒有父母是不為了孩子的一切著想與費心的，可是爸媽往往會跳過那段麻煩的階段，只做符合自己期待也顧及自己感受的規定。

即使是剛出生的嬰兒也有表達「不」的權利，人的這一生中一定會說的「不」字雖然簡單也沒什麼特別的涵義，但卻是孩子發展表達、情緒能力很關鍵的開始。當孩子開始說「不」的時候，是孩子正在學習體驗獨立自主、感受自己擁有思考的空間與能力的關

鍵期。爸媽其實應該要為此感到開心而不是生氣厭煩。

　　長久以來我們都被教導要順從父母不得違抗，我們的小時侯確實也是這樣一路走過來，所以當自己的孩子不像從前的我們那樣順從就難以接納，因為接納孩子的拒絕似乎讓爸媽心裡感到不被尊重也好像失去了什麼，那種被孩子忤逆無法說出的失落感太讓初為父母者無法承受。站在孩子的角度去看，其實孩子不是叛逆，孩子只不過是和爸媽的意見不同而已。

♥ 轉移孩子的注意力是否也轉掉了學習的基本態度？

　　常會看到不想與孩子有任何衝突的爸媽，為了不讓孩子有機會說不或是避免孩子哭鬧，會想盡辦法轉移掉孩子的注意力讓孩子更快進入爸媽想要的乖乖模式，這一切看起來似乎二全其美，孩子不哭不鬧爸媽也落得輕鬆。

　　這幾年來常有爸媽會向我提到轉移注意力是教育學齡前孩子的好策略，爸媽也少了很多對孩子發怒的情形，可是孩子卻好像還是常生氣，親子關係也還是有點緊繃。轉移孩子注意力的這個方式並沒有不好，但要用在適當且必要的時機點（有立即的危險性或妨礙到他人……）而不是每當孩子一不順從爸媽的指令時就立刻轉移掉孩子的注意力。

　　如果每件事情都這樣轉移掉孩子的注意力，就像是明知有問題卻不處理而用四兩撥千金的消極方式來隱藏，最後小問題慢慢累積越滾越大也越難收拾。孩子也有思考與表達意願的權利，允許孩子表達並不表示爸媽輸了，聽聽孩子的請求，即使孩子的請求在爸媽眼裡是荒謬無道理可言也沒關係，這是孩子學習互相尊重的第一步。

爸媽可以進行引導而不是凡事控制，倘若每一次都因為怕產生衝突或哭鬧而轉移孩子的注意力，不論是情緒或是內心需求也都因此被強行抑制得不到被理解的機會，孩子會變得更容易生氣不安，未來也不知如何應對類似的情況。當孩子表達不願意時，爸媽不需要生氣只要同理孩子的想法問問孩子。

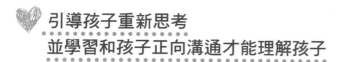

引導孩子重新思考並學習和孩子正向溝通才能理解孩子

▶ 同理並等待的關懷詢問

「我了解了。你現在不想，那麼給你一些時間等你，或是你有其它想法想要告訴我們嗎？」

此時爸媽可以稍稍等待與觀察，而孩子也不會因為爸媽的催促反覆堅持在我不要的點上，孩子會開始思考並慢慢冷靜下來，而這才是爸媽真正需要關心了解的，並不是在孩子說我不要的這個情緒上糾結生氣。

▶ 3～4歲前的孩子給予選擇性的思考方向

「我了解了。現在不想，那麼午餐後還是午休起床後呢？你可以思考一下喔。」

年紀越小的孩子對於爸媽問的為什麼其實並沒有真正的答案，很多時候就真的只是當時不想，沒有特別原因，爸媽也不用太在意一定要孩子給出答案。引導孩子去思考爸媽給的選擇，如果爸媽給的選擇裡沒有孩子想要的，爸媽可以等待孩子說出更多想表達的想法，因為線索越多越能協助孩子。

▶ 4～5歲以上的孩子可以給予承擔後果的方式讓孩子練習應對

「我了解了你不想這樣做的原因，在沒有立即發生危險的情況下，我們會尊重你的決定，因為你漸漸長大了，許多事要學著承擔並對自己負責。」

在孩子做決定時，我們可以適時地在過程中給予建議。孩子往往不了解最終的結果是什麼，也不會預知哪裡不好而去刻意閃避，他們一定要學習自己面對挫敗、承擔後果，對自己的行為負責，才能從經驗中學習與成長，這也是培養責任感的最佳時機。

同理和引導缺一不可，尊重孩子可以有說「不」的權利，因為懂得拒絕也是孩子必修的課程。總要求孩子不可以說不要，會讓孩子越來越不想說也越來越暴躁，「不」也是一種情緒感受，孩子需要學會拒絕才能讓心自由，懂得拒絕也是保護自己與他人的安全防線。

當孩子有特別不同於平常的反應，例如平時喜歡洗澡或是抱抱但突然害怕地拒絕時，請務必仔細觀察並溫和地詢問孩子是否有任何不舒服，或是在學校、安親班、保姆家等，是否有發生任何特殊的狀況。孩子需要的永遠是關心多過於責罵，多一點關心多一道防護喔！

「不可以！」是把鋒利的刀，可能扼殺孩子的學習動機！

「不可以」是把斬斷孩子未來的利刃，讓孩子的人生無法反擊

故事是這樣開始的……

故事一：

芝盈（12歲／女孩）一直夢想著長大可以當個稱職很會照顧人的護理師，她問爸媽成為護理師需要具備什麼樣的條件，但還未得到想要的答案時，就被爸媽極力阻止和勸退，因為護理師要輪班、錢少事又多，還不如當個醫師比較有出息。

芝盈在爸媽不斷的勸說之下也開始覺得護理師的工作性質似乎離她的夢想越來越遙遠了，於是開始思考另一個方向，但是想來想去總是提不起高度熱情又作罷了。

故事二：

皓文（5歲／男孩）最喜歡任何和「飛」有關的一切，舉凡玩具、衣服、畫圖都離不開「飛」，皓文常常說長大以後要當飛行員，但爸媽認為那只是童言童語沒有多加理會。

有一次電視裡正訪問著某位飛官，皓文看了之後，好嚮往飛行的工作，於是又再一次告訴爸媽他長大以後要當最厲害的飛官。

「開飛機不好啦！很危險，摔下來怎麼辦？會死掉看不到爸媽喔！」

「寶貝，你可以做別的呀！不要當什麼飛官啦，不適合你！」媽媽對著坐在懷裡的皓文說。

「真的會死掉嗎？我不會死掉看不到爸爸媽媽！」皓文有點害怕。

故事三：

仲翔（18歲／男生）沒考上爸媽心目中的大學，還在思考是否要重考時就被爸爸唸了一頓，原本仲翔沒有那麼在意這件事，因為仲翔真的也考得還不錯，但因為爸爸的咄咄逼人讓仲翔感到憤怒和否定而和爸爸大吵了一架。

「你說，你不重考你要怎麼辦？」

「我為何一定要重考？我是有考得很差嗎？」

「你這樣的成績以後能有什麼好的出路？」

「我的成績怎麼了，又怎麼不能找到好的出路？你不必管我以後的出路，我的未來我自己負責，我喜歡自由自在到處玩，我也可以當司機體驗人生！」

「我辛苦賺錢供你念書，你居然說要去當司機，我怎會教出一個不成材的兒子！」啪的一聲，爸爸重重地給了仲翔一個耳光。

故事中的爸媽一定覺得是……

　　我們是苦過來的才懂得這些辛酸，我們不為孩子好要為誰好呢？提早告訴孩子選擇人生的方向有什麼錯，孩子花了一輩子的時間都在找對的方向豈不浪費人生嗎？孩子也要考慮我們的感受吧！含辛茹苦地拉拔孩子長大不就是希望看到他們有好的未來嗎？

其實孩子只是……

　　未來也許不是像爸媽形容的那樣可怕，或許我會因為你的擔心而猶豫不決甚至放棄，但我心裡很明白那一定會成為我的遺憾。好多你們說的事其實都沒有真的發生，為什麼不讓我去試去闖呢？

我們可以陪著孩子一起學習，一起成長！

♥ 到達成功前，最重要的是經歷挫敗

　　如果所有事情都只會有一種正確答案，那麼這個世界上應該會有人爭相出版有關於「成功人生」操作說明的工具書，因為照著成功的路線走絕對不會有差錯的。

　　爸媽總是會希望自己的孩子照著精心規劃好的成功路線順利安全往理想的人生必勝組前進，但又很奇怪的要孩子學習獨立為自己負責，如此矛盾的教養態度要孩子如何在困惑裡找到屬於自己的未來呢？望子成龍、望女成鳳，是該給孩子成功的範本比較重要，還是讓孩子遭遇挫敗學習經驗比較實際呢？

　　孩子的未來是爸媽永遠放不下的擔心，不過這並不是真的替孩子著想，真的不該將孩子放在佈滿安全墊的環境裡學習也捨不得讓孩子受任何一點苦，因為沒有受過傷哪會有深刻的體驗更無法在挫敗中好好的成長。如果總為孩子安排未來並極力縮短努力的過程，只會讓孩子更加依賴甚至毫無能力為自己負責。

　　爸媽不會永遠待在孩子身邊，該如何學習、如何規劃、如何找到自我，只有讓孩子找到自己的興趣與熱情，才能引發他們的學習動機。孩子在任何爸媽眼中不起眼的小事裡找到興趣是非常難得的，這代表孩子有獨立思考的能力，我們怎麼可以如此輕易地就否決掉，又在日後責怪孩子缺乏自主思考能力。讓孩子在任何環境中都能自由地探索想像，才能激發學習動機並持續保持。

被層層保護的孩子，學會了安逸也喪失了能力

記得那年我兒子3歲，那個時期的他非常喜歡垃圾車，每晚都期待垃圾車到來，因為他要看他要學，更期望日後能夠當個垃圾清運員。聽到他這麼說的時候，我們很感動也替他感到開心，只因小小年紀的他已能夠基於熱愛而努力追求。於是我們每晚騎著腳踏車等垃圾車到來，並跟隨著清運員們沿路收取家家戶戶丟棄的垃圾，一路上看著辛苦的清運員不怕別人嫌棄的惡臭不停地整理那些騰不出空間堆得滿滿的垃圾。兒子就在每日跟隨的觀察之下，除了了解工作人員的辛勞也反思人類每天製造垃圾，那回饋地球的方式是什麼。這個問題讓他覺得很震撼也讓身為父母的我們感到羞愧，從那個時候起，兒子開始關注環境保護的議題直到現在。

雖然隨著年紀慢慢增長，志願和夢想也一直在改變，可是唯一沒有變的是兒子還是會很認真地觀察細節也願意花很多時間去了解，不厭其煩地重複練習。比如說：有一次先生的機車到了定期保養的時間，他看著修車的專業師傅純熟的技術三兩下就把難搞的問題解決也想要和師傅學習專業，他不但一樣一樣細問還請我們替零件拍照，向師傅討教有關機車內部的構造，也因為那次小小的體驗後，他常常提醒我們要注意騎車時該注意什麼相關事宜。學習體驗不就是在這些不經意的日常生活裡嗎？

這些寶貴的學習過程和感受只有孩子自己能夠體會，爸媽無法用主觀的想法強行覆蓋住孩子真實的感受，那是欺騙自己的方式。孩子能夠擁有自己想追求的事或目標而努力去學習實現，不就是我們心裡一直期盼著的嗎？不論孩子所選擇的是哪一種都少不了辛苦的過程，孩子努力的過程別求捷徑，因為量化計算後的目標少了深刻的感受與珍貴的感動。

父母對孩子的影響力是百分之百，或許孩子會在各種勸說後放棄自己的初衷，但一次又一次勸退，孩子的思考能力會因為受到限制而不敢輕易嘗試，反而越來越習慣待在被父母保護的範圍裡活動，追求自我的能力也因此逐漸退化，這也絕對不會是爸媽原本寄託在孩子身上的期望。

♥ 尊重孩子的想法，傾聽孩子的夢想，幫助孩子發光

孩子天馬行空的夢想不論是不是有能力辦到都應該尊重。爸媽認為的童言童語或許在換個思考的方式後就能幫助孩子把心裡想的變成實際能辦到的事，也能強化孩子整合與思考邏輯的能力。

孩子缺乏行動力其實和爸媽有關，因為爸媽輕易略過孩子的夢想，孩子的夢想就真的只是「想想而已」了。當孩子每次迫不及待與我們分享時正是大腦建立連繫寬廣網絡的開始，尊重孩子的想像創造力，跟著孩子一起編織創造夢想並適度的給予建議，讓每一次的溝通都能激發孩子的驅動力。孩子的夢想隨時在變也不一定會達成，但是爸媽卻可以在每一次的陪伴裡引導孩子思考「想完成的目標是什麼」、「該具備的能力是哪些」、「又要如何實行呢」。即使夢想最後不一定會實現，但是孩子卻已具備獨立思考與自我規劃的能力了。

每個孩子都是獨一無二的，不須和誰比較，因為每個孩子的光芒都因為不一樣而耀眼美麗。爸媽一定要丟棄比較的心態和成功速成的方式，用心觀察與陪伴才能真正幫助孩子找到自我。每件事都一定有孩子可學習的地方，哪怕是很不起眼的小事。幫助孩子設立接近自己的目標並努力達成，孩子會因此獲得自我認同的勇氣與自信心並找到自我價值。

Chapter3

孩子的責任感，
別再用「口令」
來訓練

孩子說一句回三句，總是頂撞大人？

請尊重孩子的發言權，
孩子的內心才能更自由

故事是這樣開始的……

故事一：

晚餐時間，爸媽帶著可洋（7歲／男孩）在美食街逛了全部的攤位並選擇了牛肉麵當晚餐。可洋和爸媽說：「我不想吃麵，你們每次都不問我想吃什麼，我不要啦！」爸爸看了可洋一眼回答：「你還頂嘴是不是？不吃麵，你要吃什麼？我和你媽媽都要吃這個，我們吃什麼，你就跟著吃什麼，囉哩叭唆的。」

故事二：

媽媽對著彤彤（5歲／女孩）說：「跟妳說一個好消息，我幫妳報名了鋼琴課、書法課還有芭蕾舞課喔！」

「媽媽，可是我不想要上這些課啊！我想要學跆拳道。」彤彤委屈地說。

「什麼不想上，我那麼辛苦地幫妳跑這些地方和排隊，才有名額可以上課，妳居然不想上！不可以，報好名了就要上課。女孩子上什麼跆拳道，太沒氣質了。」媽媽滿心期待著彤彤上課的優雅模樣，實在無法妥協。

「我才不要去上，妳每次都這樣！我最不想上鋼琴課了。」

「你再說一次！什麼每次都這樣，還敢頂撞媽媽，誰教你的？」

故事三：

柏軒（9歲／男孩）因為沒帶回明天要考試的國語課本，被爸媽斥責漫不經心、沒有責任感。柏軒告訴爸媽因為他已經自行在校複習完了，所以就不須帶回來，回家就只要好好衝刺較沒有信心的數學科。由於柏軒在一、二年級的時候，曾有過因為害怕考試而刻意不帶課本回家的經驗，所以爸媽並不相信柏軒的說詞，仍認為柏軒是故意不帶回家的。

當柏軒再也承受不了爸媽的誤解時，忍不住對著爸媽大吼：「就跟你們說了，我不是故意，是真的已經複習好了，不相信你們可以去問老師。」

「你頂什麼嘴？講完了沒？你最好給我閉嘴！越來越沒大沒小。考試是你自己的啦，要怎樣隨便你！」爸媽生氣地離開柏軒的房間。

「為什麼你們就是不肯聽我說？」柏軒氣得臉漲紅。

故事四：

上數學課時，老師在講解完應用問題後詢問同學是否有不懂的地方，孫琳（12歲／女孩）因為不太懂題意與注意陷阱題的部分，所以舉手問了老師。沒想到，老師聽完孫琳的問題後嘆了口氣並要全班同學望向孫琳問：「你們看她問的問題是不是很好笑？上課專心一點，妳的問題，下課問同學就好，不要浪費全班的時間。」

「老師，你不是說有不懂的可以問嗎？」

「對啊！可是妳問的問題，剛才第一段我不是已經講過了嗎？好了，各位同學請翻到第72頁，我們來講……」

「但我還是不懂啊！」孫琳在心裡默默發問得不到答案的問題，也覺得羞愧到抬不起頭，眼淚不停地掉，很希望能夠出現一個地洞讓她可以馬上躲進去消失不見。

故事中的爸媽一定覺得是……

　　孩子越大就越不像話，有自己的意見沒關係，但也不能強迫爸媽去配合吧？爸媽辛苦地為你們奔波也沒喊累過，只不過是為你們著想而已，就擺出一副好像被強迫的樣子。孩子一直頂嘴的模樣真的讓我們覺得難過，怎麼長大了溝通態度變這樣？

其實孩子只是……

　　我不知道為什麼爸媽總是喜歡尚未與我們討論的情況下，就擅自幫我們做決定或是直接說「就是這樣」，你們不喜歡我這樣的態度，我也不喜歡你們不尊重我就擅自決定或強迫我不可以有選擇，難道在我長大之前都不能有其它的想法，只能乖乖聽你們的話、耐心配合你們的決定嗎？

我們可以陪著孩子一起學習，一起成長！

♥ 一樣都是溝通，
為何孩子只要表達意見就變成是頂嘴呢？

人其實很矛盾，尤其是在成為父母之後，為什麼呢？是過度比較、擔憂或是某種投射與期許呢？爸媽總是説「孩子啊！我只要你健康快樂」，可是隨著年紀增長就越偏離原本的期許，反而加入了很多控制因素在這些對孩子的愛裡。説控制可能太過嚴肅，但是不得不承認這真的是軟性控制與情感勒索。

爸媽都是為了孩子好，這是不容置疑的一份愛，不過卻也因為總是想著要怎樣才能更好或是害怕孩子會踏上以前曾經歷過的挫敗而強勢地要求孩子要如何去做，即使孩子不願意也沒有關係，因為重要的是，有走在爸媽規劃好的安全路線即可。

「有話可以好好地説、好好地表達」在一開始的時候爸媽或許會這樣鼓勵孩子表達，但當孩子表達和爸媽不同想法時，又會被孩子的拒絕或否定想法燃起莫名的怒火。孩子也會困惑為什麼我只是表達想法卻被認為是頂撞、頂嘴，與其這樣不如不説。

其實是因為在爸媽的心裡，打從一開始就想著要孩子順從，所以當孩子回答不要、不想、不願意等與爸媽相反意見時，那種無情拒爸媽於門外的失落與一點點難堪的情緒通常是爸媽沒有先預想到的。而這樣下對上的頂撞怎能被允許呢？所以會造成親子間的嚴重衝突都因心裡還未準備好孩子的拒絕。

**「頂嘴」也是孩子想傳達的重要訊息，
爸媽願意點開這則訊息閱讀嗎？**

情緒與頂嘴其實也是一種表達，更是孩子想傳達的重要訊息。人每天都要講好多的話，只是想傳達的內容不一樣、情緒也不同，**只要能夠將心裡的想法表達出來，就是溝通的第一步，不論是說出來、畫出來、寫出來都可以是溝通的一種方式。**爸媽要練習學著讀懂孩子的每則訊息，而不是將孩子想傳達的訊息用力推開，再重複責怪他們不願溝通。

忽略或是禁止孩子有其它的想法並不是真順從而是偽順從。要孩子「廢話少說，做就對了」也反映出在親子關係中，爸媽放不掉也捨不得，總想要為孩子人生負責的焦慮在沒有被好好釋放與重建的狀態下又不斷地往上堆疊，於是愛就變成了一種壓制和對立。

孩子在溝通的過程中最怕的就是情緒不被爸媽同理，生氣、難過、哭泣、開心都是表達的重要線索之一，無法認同就很難進行真正的溝通，親子的關係就像是卡在溝通的大門前，明明有鑰匙卻沒有人願意打開那扇門，寧願在門外承受風吹雨淋。

**將屬於孩子的發言權還給孩子，
讓孩子的思考與創意可以無所畏懼**

當孩子表達時，即便有壞情緒也要先冷靜並聽完孩子想說的話，至少孩子願意表達，因為當孩子放棄溝通時，就再也無法靠近孩子的內心也沒有辦法發現真正的問題在哪裡。壞情緒人人都有，為什麼不能包容孩子表達最真實的那一面呢？「壞情緒」也是孩子給爸媽的一個求救訊號，就像爸媽生氣時的情緒，不也是想要向孩

子表達「我很生氣，你最好皮繃緊一點」的訊息嗎？所以爸媽是不是能夠開始體諒孩子了呢？

溝通是雙向道，在與孩子溝通時，不可以暗自在心中先設定想要的答案與結果，只要先設定好爸媽想要的答案就等於在心中早已不認同孩子將說出的想法，那麼何必問孩子想法做無效溝通呢？在意見不相同的情況下，請記得當孩子願意表達時就是良性溝通的第一步。

⭐ 爸媽請努力改變自己的態度，鼓勵孩子說出心裡真正的想法，給予心理支持

⭐ 即使孩子說出爸媽不滿意的想法時，也要讓自己冷靜並耐心地聽完孩子想說的話

⭐ 沒有所謂好與壞的想法，和孩子討論並客觀分析每個想法在執行時可能會遇到的問題

⭐ 溫和地告訴孩子有關於爸媽心裡的疑慮與擔心，讓孩子明白，但請不要用情緒勒索孩子

⭐ 請孩子思考或讓孩子在無任何安全疑慮的狀況下，試著去執行孩子的想法。

⭐ 和孩子討論在執行時所遇到的困難和感受，孩子才能明白做任何決定也是對自己負責的態度

親子可以一起回想當時溝通時所發生的情況，和孩子一起感受在這個過程中需要改進的部分是什麼，這麼做並不是要翻舊帳再

吵一次架，而是要讓孩子理解在溝通的過程中能了解自己，即使有錯的地方，孩子也能夠發自內心的去承認，而不是被爸媽強迫道歉其實內心卻積壓了很多的厭惡的感受。

翅膀長硬了？！代表著孩子正朝著自我目標前進，其實是種成長的蛻變

現在的孩子在極度濃縮的教育環境下要長大也要長好，真的很辛苦。辛苦的那一面不曾被理解過，因為大人們都說那是「孩子的本分」，先做好本分再說吧。

在學校，教育有進度上的壓力，不得不利用時間稍加追趕，所以課堂上總是少了發言與練習表達自我的機會；放學回家後，為了要配合爸媽定下的規矩與家庭作息，也不得不在每一句「快一點」裡快速完成形式上的事情，多說什麼都是不必要的話，於是又犧牲了更多表達真正想法的機會。一直無法表達自我的孩子，長期累積著不能說的壓力與壓抑著說不出口的遺憾，容易讓孩子封閉自我也漸漸地無法與人建立關係。

生活、經濟、生涯與學業等各種壓力迎面而來的家庭，可能也是你我真實家庭生活的寫照，忙碌的生活步調常令人忘了照顧自己和孩子的心，所以親子溝通常常是不完整的。放慢腳步去看去聽自己和孩子之間，去感受那些被積壓的真實想法，才能彼此尊重與學習。

別輕易錯過孩子的每一個第一次！

微不足道的每個第一次
都是孩子建立各種能力的開始

故事是這樣開始的……

故事一：

奶奶到幼兒園接芷欣（4歲／女孩）放學，才剛到教室門口就看到芷欣坐在地板上穿鞋。

「奶奶，妳看！我會自己拿鞋綁好鞋帶了，妳看！」芷欣興奮地大喊著。

「芷欣啊！妳怎麼坐在教室外的地板上呢？妳的裙子都弄黑了，快點起來。」奶奶一把扶起了坐在地板上穿鞋的芷欣。

「奶奶，妳看我的鞋子！」芷欣指著鞋子。

　　「好好好，我知道，妳看看妳的裙子，今天第一次穿就被妳弄髒了。下次不要坐地上！」奶奶試圖拍除裙上的污痕並沒有仔細看芷欣綁好鞋帶的鞋。

故事二：

　　是宗（5歲／男孩）拿著組裝好的樂高模型興奮地跑到書房找爸爸。

　　「爸爸，爸爸，你看這個戰艦，我自己拼的喔！」

　　「是宗，你怎麼拿出來了？你在哪裡拿到的？我不是收在櫃子裡嗎？」

　　「這是阿姨送給我的生日禮物，我看到被收在櫃子裡，我想拿出來組裝啊！」

　　「是宗啊，你也要先問問爸爸媽媽啊！裡面有很多小零件，萬一被你弄不見了怎麼辦？你組裝剩下來的零件收哪裡？我去看看！」爸爸有點著急。

　　「有啊，我有收起來，在茶几上！」

　　「沒有啊！這哪是收起來，整個樂高組和零件全撒在茶几上，這樣怎麼分得清楚是哪一個步驟的呢？也不知道你有沒有組對，你弄成這麼亂很難檢查！」爸爸有點不高興是宗擅自組裝樂高模型。

故事三：

　　媽媽從陽台收完衣服後，看見曉昕（2.5歲／女孩）站在小板凳上，拿著牙刷刷洗手台弄得全身溼答答的景象，立刻放下剛收進來滿滿的衣服，快速地將曉昕抱離浴室更換乾淨的衣服。「媽媽，我要刷刷洗手台！我還要！」曉昕很得意地跟媽媽報告。

　　「什麼妳還要？弄成這樣怎麼可能還讓妳玩啊！寶貝曉昕，這樣是不對的，不可以再拿板凳站上去，也不能玩水，弄得全身都是水，這樣會感冒，知道嗎？」媽媽邊幫曉昕更換衣服邊叮嚀著。

　　「曉昕洗乾淨了，拍拍手。」曉昕還為自己清洗完洗手台得意著。

故事中的爸媽一定覺得是……

　　孩子只要一安靜沒有任何動靜就代表有驚天動地的事要發生了。你看吧！我沒說錯吧！孩子又去動那個不能動的東西。你看吧！孩子又去拿那個我已經收起來的東西。怎麼預防都沒有用，搗蛋又調皮弄得全身髒兮兮的！家裡的東西該收的該藏的都已快找不到地方收藏了。我也有事要做啊，總不能這樣一天二十四小時一直盯著孩子吧？！

其實孩子只是……

　　真的沒有調皮也不是壞壞，我想幫爸爸媽媽的忙也想要自己做，我做得不好我也知道，可是我有學爸爸媽媽的做法也一樣很認真，我沒有使壞也不是故意的。我想知道換我來做會有什麼不一樣，我很想自己試試看。

我們可以陪著孩子一起學習，一起成長！

♥ 孩子的發展指標應該
不是只有會站、會走、會說話才是好棒好優秀

這些「哎喲、哎呀，你不要……」開頭的警告禁止語句，爸媽每天都要說上好幾回。正值探索期的孩子是消耗爸媽最多體力和耐心的必經時期，因為孩子不懂也不知道爸媽在懊惱什麼，於是自由自在地做自己想做的事，但爸媽又害怕孩子會受傷和弄髒自己與整個環境，所以常常顧不得自己與孩子當下正在專注的事，就立刻阻止或將孩子帶離現場去收拾那個爸媽眼中認為很慘不忍睹的殘局。

孩子的每一個發展階段都一定會有令人驚喜感動的成長，爸媽一定不會否定而且相當期待，而這些令人感動的成長並不是只有符合寶寶手冊裡各個成長曲線與目標才算是成長大躍進。爸媽總會帶著從以前流傳下來的進展表來看自己的孩子是否健康，寶寶幾個月會翻身、會爬、會坐、會站、會走、會講話的時刻都令爸媽感到驕傲。

♥ 孩子的專注力在很小的時候就被爸媽給打散了

孩子還有更多不在成長檢視表格裡的發展能力也需要爸媽關心和協助，只是爸媽常常不以為意也不當一回事，總是認為孩子做的都是些無意義的事而拼命阻止或是經常打斷孩子正在做的事情。

成長中的每個孩子除了吃飽喝足穿得夠暖外，也需要很多感受的累積才能建構好內在的能力。爸媽會問我這些能力要如何累積

呢，其實爸媽眼中慘不忍睹的殘局正是孩子發展各項能力的學習現場，只是被爸媽親手催毀了，而最令人害怕的是爸媽從不曾這麼認為。

孩子拿牙刷刷洗手台在爸媽眼中是錯誤行為，因為亂拿刷牙的牙刷來刷不該刷的物品又玩水弄得浴室一團亂，但孩子其實是模仿爸媽刷洗洗手台的行為。孩子也想要這麼做的原因有很多（想幫忙、想嘗試、想自己完成、想知道和平常玩的遊戲或玩具有什麼不一樣……），多到你想像不到，但絕對都不會是故意要惹爸媽生氣而這麼做的。

我的兒子在2～3歲左右也好喜歡拿著黏屑滾輪在家黏來滾去（掃地）和拿著抹布在地上擦地板，因在沒有任何危險也不防礙他人的狀況下，我們不阻止他，反而認真觀察他的一切不打斷他。看著他拿著比自己身高還高的黏屑滾輪在家裡到處滾來滾去時的模樣，就像個小大人，有模有樣的。當我們問他：「你好認真也掃得很乾淨，很不錯喔！請問都掃完了嗎？」他還會回答：「還有客廳。」而我們也從他回答的答案裡知道，孩子除了模仿爸媽工作的行為也記下了平時打掃的順序，而在打掃的同時，孩子的內心需求得到了滿足和自我成就感。

當孩子在爸媽陪伴探索的過程中執行的每一個動作都在為自己心裡的為什麼驗證，也是專注力提升的黃金養成期，因為做自己喜歡想做的事就是一種自發性的學習動機，各項能力也在此時一點一滴慢慢的累積。

爸媽如果能搶在脫口責罵與阻止前，先保留三秒鐘的時間好好地思考「孩子為什麼要這麼做」而不去打擾正專注於當下的孩

子，孩子就能放心大膽地嘗試錯誤並從中學習寶貴的經驗與培養專注能力。收拾孩子「弄」亂的現場確實又累又麻煩，不過教養的過程不就是從每一次的混亂挫敗裡找出最適合的方式協助孩子健全發展也促進親子情感連結嗎？

💗 滿足孩子想學習的內在需求，學習就不再需要刻意安排一堂又一堂的課

在看似不起眼的小事中，孩子能夠運用自己所有的能力去克服去達成，即使結果在爸媽眼中是混亂的，但在孩子的心中是滿滿的成就感，因為孩子靠自己的力量完成了！在這樣的求知學習的過程已充分滿足孩子探索內在的需求，更獲得了思考、語言、感官、模仿、學習吸收、規範、身體與手眼協調等很多相關的能力。

以曉昕的故事來看，雖然搞得媽媽一個頭二個大，但她已在洗洗手台的事件發展了不錯的觀察能力。曉昕雖然拿牙刷清洗，但她其實是模仿、想幫忙，她知道要刷洗需要像牙刷這樣的材質才能刷洗，也知道要去拿小板凳來解決自己不夠高的問題，光是這些發現就足以看見孩子的能力，其實就在爸媽常忽略的那個當下。

爸媽常把居家環境整理得一塵不染又安全妥當、去除不必要的障礙讓孩子玩樂，但孩子仍然想往爸媽禁止的那個地方去探索是為什麼呢？因為孩子需要接觸真實且符合我們日常的生活，孩子會長大也需要學習與適應，他們不會永遠活在「被精心佈置」過的空間裡。請允許孩子專注地探索、專注地思考，孩子才能建立良好健全的各種能力。

3

為什麼提醒那麼多次都做不好，真叫人抓狂生氣！

可以先不要生氣嗎？
你只是還沒看見孩子的用心而已！

故事是這樣開始的……

故事一：

蘇菲（11歲／女孩）放學回家後趕緊將爸媽交待的事——廚房的米洗好先下電鍋煮，等爸媽下班回來再炒菜就能吃晚餐了。

「蘇菲，妳有先煮飯嗎？」媽媽回到家先問的第一句話。

「有啊！」蘇菲回答。「好，那我趕快準備炒菜。」媽媽換上圍裙後進到廚房準備開冰箱拿菜。

「天啊！蘇菲，妳根本沒有插插頭啊！飯根本就沒有煮！只是要妳做這麼一點小事都做不好，真的很奇怪耶！妳都不會確認一下嗎？」媽媽非常生氣，而蘇菲什麼也不想說。

故事二：

晚餐時，因為爸爸臨時接到了工作上的緊急事件必須趕往公司一趟而媽媽還在下班回家的路上，因此交待姵婉（11歲／女孩）負責照顧弟弟（3歲）。

「姵婉，如果太晚媽媽還沒有到家，妳就先哄弟弟睡，知道嗎？」爸爸邊穿鞋邊交待。

「好！」姵婉收拾著桌面。

晚上九點左右，媽媽回來一看到弟弟還沒有洗澡就上床睡覺忍不住對著姵婉叨唸：「妳怎麼沒有幫弟弟先洗澡呢？沒洗澡就上床，有沒有搞錯？」

「可是，爸爸沒有說要洗澡啊？」

「妳爸沒有說，妳就不會自己想嗎？妳睡覺前不是要洗澡嗎？很多事妳應該要自己去了解，而不是大人說一妳才做一，要舉一反三！」

故事三：

爸媽對於書揚（8歲／男孩）的數學成績感到很頭痛，每次看到功課和考卷就忍不住想要生氣。書唯今天發回的考卷有一大題是全錯的，爸爸很不能理解書揚也認為書揚根本是不認真。

「奇怪，這些題型我們不是沒教過你，你怎麼就是學不會？」爸爸指著考卷上的錯題。

「你是真的不會，還是你根本就沒在聽啊？」媽媽又氣又擔心。

「你到底是有什麼問題？總是這個學不好那個也學不好，真的很叫人抓狂。你這樣的成績，別人還以為你爸媽都沒有在關心你，讓你放牛吃草了！」媽媽繼續唸著。

「我看這樣好了，再不行就送安親班去好了，給安親老師去教，我們也省得麻煩。」爸爸決定之後要這麼做，還問了媽媽有沒有哪間安親教得是還不錯的。

「我聽那個小斯的媽媽說XX安親還不錯，因為小斯的功課都盯得蠻緊的，我來問問小斯媽媽好了。」媽媽拿出手機翻閱小斯媽媽的電話。

故事中的爸媽一定覺得是……

孩子慢慢長大應該會讓我們做爸媽的輕鬆不少才對，不是嗎？為什麼我覺得卻是越來越不輕鬆，還越來越生氣呢？是我們從小沒有教好嗎？好像也不是。從小到大看到的學到的怎麼都不會舉一反三，說一樣做一樣，沒說的不代表就不需要用大腦去思考，常常這樣什麼也做不好，真的很叫人擔心。

其實孩子只是……

本來我就不會知道要怎麼做才是對的，有時候爸媽說的和做的都不一樣，一下說那樣一下又說是這樣，我們都不能解釋，解釋了就會被說是不孝頂嘴。或許我們就是很爛很差勁，所以不會被認同。

我們可以陪著孩子一起學習，一起成長！

 ### 總是做不好的孩子，難道就不值得被愛嗎？

孩子需要不斷地在錯誤中學習成長，在錯誤中爸媽所給予的引導與鼓勵是支持孩子最大的力量，因此爸媽的每一句話都可以影響孩子很久很久。當爸媽總是忽略每個錯誤裡該被提出來反省檢討與學習的重要關鍵點，只看到錯誤就忍不住對孩子破口大罵，其實孩子的心早就傷痕累累也不會再認同爸媽，因為爸媽在乎的永遠是事情有沒有做得流利完整而不是孩子的心意。錯誤的本身一定有原因，否則就不會有錯誤了，但孩子需要的是爸媽的協助與更正並不是將錯誤放大再放大，讓孩子也想要努力的心意變成了另一個新的錯誤。

看到孩子什麼都做不好，爸媽會焦急，但孩子可能比爸媽更焦慮更恐懼，除了要找辦法解決彌補錯誤，還要擔心爸媽的臉色與各種情緒，在這樣雙重壓力夾攻之下，一點好的辦法也想不出來，然而爸媽通常會在這個時候落井下石卻不是伸出援手幫忙。

當錯誤發生時任誰都會著急，錯誤可以被放大，爸媽把錯誤放大是為了讓彼此看得更清楚才能找出問題，但並不是把錯誤放大然後怪罪孩子沒用。爸媽要往更深層的方向去思考，如何在錯誤中帶著孩子學習才能讓錯誤有翻轉的機會，孩子也就不會因為害怕被責罵而逃避。

故事裡的每個小主角，被爸媽認為做不好的那些事情真的是不可原諒的滔天大錯嗎？爸媽請捫心自問是不是這樣呢？爸媽求好心切的同時也要緩緩心中的急，很多時候並不是孩子做不好而是爸

媽沒有看見孩子用心的地方，所以即使是個小小失誤也會在爸媽眼中擴散成不可原諒的錯誤。

對孩子的標準，請時時檢視是否太過苛刻

當聽到爸媽抱怨孩子什麼都不好而憂慮著孩子的未來時，我常常會想，孩子總是做不好就代表孩子的未來一定失敗嗎？是不是爸媽訂的標準太高？是不是爸媽沒注意到什麼小細節或是孩子本身的狀況呢？為什麼當一個快樂的孩子變得如此困難呢？

每個孩子的能力、家庭環境與成長背景不同，不該以不合理又不符合孩子發展的標準來要求孩子，爸媽應該要時時審視自己對孩子的標準是不是不合乎孩子的能力，做事情的態度固然重要卻不該淪為傷害孩子的理由。

總覺得孩子做不好而無法容忍的爸媽，以為這樣的表達會讓孩子明白爸媽的苦心而改進，可是卻不知道那些對孩子的輕視和責備看在孩子的眼裡是一發又一發躲不過的攻擊，孩子的心裡無時無刻都覺得正在被比較而且永遠沒有翻身的機會，認為「不好」就是這一生的代名詞，做再多改進也沒有什麼效用，乾脆什麼都別做最不傷身也不傷心，於是放逐自己。

不被爸媽信任支持的孩子們確實是這樣認為的，他們已經習慣將自己放在相對安全的位置來保護自己，不過爸媽卻仍不願意試著理解孩子，更是無法接受是自己的教養出現了問題。我常收到家長的教養問題，其實多數的親子問題都是因為親子雙方認知與標準之間有著很大的落差，但是沒有人想要努力為此調整而造成難以收拾的局面。

孩子做得不好才有更好的空間，
請以親身經驗去引導孩子感受和學習

長期被爸媽數落也看不起的孩子，表面看起來是百分百的服從，但其內心卻是佈滿我們看不見的傷，看不見的傷害不斷延伸累積，最害怕的是無法挽回孩子對於自己的價值與存在感。

> **總是因為孩子做不好而對孩子輕視生氣，**
> **終將讓孩子失去更多：**
>
> ☆ 孩子不僅自尊心受損同時也失去自信心與耐心，還讓挫折忍受度降至最低變得很敏感脆弱，原先以為會讓孩子越挫越堅強卻反倒讓孩子不堪一擊。
>
> ☆ 較熱情擅於嘗試的孩子並不會因此讓內心變得越強大，反而因此凡事不想表現得太在乎，用冷漠的方式來表示不滿也最快學會放棄。
>
> ☆ 在凡事都被爸媽看輕的世界裡，孩子的情緒沒有任何出口可以宣洩，因此易怒、易悲也容易遷怒於他人，不想承擔，於是開始會找很多的理由來推卸責任。
>
> ☆ 對於爸媽的責罵感到害怕與自責，在情急之下會忍不住隱藏而不敢說出真相，為了要維護在爸媽心中的良好形象選擇說謊或是編造不存在的人事物。

事情總是做不好的孩子，通常也是被爸媽嫌到一無是處的孩子。孩子需要幫忙的緊要時刻，卻總是被爸媽推向更深的無底洞裡自生自滅。應對與學習能力並不會在突然之間就蹦出來讓爸媽驚豔，爸媽們都希望孩子的下一次能夠做得更好，而不是再也不敢嘗試或挑戰，爸媽一定不會想每次都要幫孩子善後吧？！那麼就先了解孩子的困難，陪伴孩子一起突破、慢慢學習才是對孩子最有益的幫助。

　　爸媽可以告訴孩子過往親身的經驗，例如：「爸媽以前也和你一樣，這個題目常做錯，經過很多次練習才在這些經驗裡覺察到原來是某個細節我總是疏忽才讓題目變得好難，現在你／妳也遇到和我一樣的困難，我想我們可以一起練習去克服喔！」

　　失控的行為是孩子心裡受傷的無聲表達，希望爸媽都能用心去傾聽孩子。親子之間不論是哪一方都需要「有心」來主動調整改變，才有可能改善彼此的關係。

4

怎麼穿這麼少？怎麼又沒喝水？我不是跟你說要……

還在當吼叫爸媽嗎？
其實是孩子
需要更具體的畫面來引導！

故事是這樣開始的……

故事一：

爸爸開車接阿寶（6歲／男孩）放學，因為下雨的關係多等了一會兒，等到阿寶上車放好書包傘具後，坐在副駕駛座的媽媽一開口便問：「今天水有沒有喝完？」

「啊！我忘了！」阿寶被媽媽這麼一問才想起有水要喝完這件事。

「我跟你講過幾百遍了，水要喝水要喝，你怎麼又忘了喝水？你到底在幹嘛？」媽媽很不耐煩地責罵阿寶，阿寶低著頭不知道要怎麼回答。

「阿寶，你在學校都在幹嘛，為什麼這麼簡單的事都記不住？不過是喝個水而已，有這麼難嗎？」爸爸問完便要阿寶在車上把水全部喝完。

「我看你什麼都記不住，哪一天連你自己都忘了帶回家，我看你怎麼辦？」媽媽對於阿寶每天都忘了要把水喝完的事非常在意。

故事二：

言倫（5歲／男孩）午休起床後，走進媽媽正在工作的廚房，看見媽媽滿手的麵粉也想要幫忙。

「媽媽，我也要幫忙做餅乾。」言倫揉著眼說。

「哎呀！言倫你怎麼起床沒有穿外套？今天很冷這樣子會著涼，不是跟你講過了嗎？怎麼每次都忘記呢！」媽媽急忙清洗手上的粉屑要帶言倫進房間穿外套。

故事三：

週日爸媽帶著思妮（5歲／女孩）去游泳，傍晚回家的途中，思妮開心地說著游泳多麼好玩的趣事也想要和同學分享。

「思妮，明天上學要帶的東西都準備好了嗎？」媽媽叮嚀著。

「嗯，好了，都好了。我明天要跟同學分享去游泳的事喔！」思妮似乎還沉浸在游泳的快樂畫面。

隔日放學回家，媽媽看到思妮的聯絡簿上被蓋了「下次要記得」的章詢問了思妮發生什麼事了。

「我忘了要帶上次未完成的黏土作品於是被蓋章也在課堂上罰站一分鐘！明天要交完整的黏土作品。」思妮委屈地說。

「妳說妳自己是不是活該！被罰活該！妳為什麼沒有記好，我一直問，妳都說準備好了，原來妳根本都在敷衍我嘛！被蓋章也被罰站，自找的！妳知不知道，妳快要升上小一了？還這樣子忘東忘西的，整天只想到要玩玩玩！」媽媽很生氣地把聯絡本推開要思妮自己想辦法。

故事中的爸媽一定覺得是……

　　學習最基本的是至少不要忘記吧？！整天忘東忘西，玩和吃卻記得比誰都要清楚，這根本就說不過去吧？！連小事都會忘得一乾二淨更不用指望做什麼大事吧！怎麼提醒就怎麼忘，好像我們從來沒提起過一樣！

其實孩子只是……

　　我也不知道為什麼記不住，就是忘記了。每次看到爸媽才會很害怕地想起來，可是通常就來不及了，接著就是被罵被罰，我也好想不要忘記，可是太難了，我真的記不起來。爸媽每次說的「再忘再罰」讓我好害怕！

我們可以陪著孩子一起學習，一起成長！

♥ 過度操心也許幫了倒忙，因為孩子也要懂得為自己負責

「你怎麼每次都忘記……我不是跟你說要……」好熟悉的一句話啊！這句話幾乎陪伴著每一個人長大，只不過現在角色互換，換我們對自己的孩子說。為什麼爸媽對於孩子忘東忘西這件事情那麼耿耿於懷呢？大人們不是也會有忘記的時候嗎？

當然沒有人會喜歡或希望孩子整天忘東忘西，因為爸媽想要孩子更好更傑出，所以這些刺耳的叮嚀就成了孩子肩上的能量背包，希望能供給孩子滿滿前進的動力。雖然都是希望孩子可以再更好一點不要又忘了什麼，可是這也顯示了其實是爸媽內心的某種不安，所以特別在意孩子是否又遺忘了重要的事情，因為爸媽過往或多或少也有因為忘記了什麼而導致有過不好的經驗，因此不要孩子重蹈覆轍。

舉例來說我常會問爸媽：「孩子如果真的忘了帶學用品會發生什麼嚴重的後果嗎？」爸媽會說：「會沒辦法上課、會無法完成作業、會被老師罵或罰、會被扣貼紙、會被打叉叉……」

仔細一聽爸媽所擔心的事情不都是孩子自己該負責的事嗎？怎麼換爸媽在操心又變成爸媽的責任了呢？其實當爸媽凡事過度操心反而會讓孩子學不會對自己負責，而孩子也會感到沉重不知所措。當孩子因為遺忘而無法完成任務時就應該讓孩子學著去承擔。

我的兒子今年六歲，忘了這個或忘了那個諸如此類的事件也會發生，但孩子正在學習所以這些都是必經的過程不須太過苛責。重要的是我希望孩子能夠將這些經驗經過自我覺察和練習的方式轉化成一種自動自發的習慣，希望孩子的自動自發是為了對自己負責而不是為了應付爸媽。

讓孩子用學習自我承擔的方式來引導自發性，培養責任感並與孩子做良性的溝通與檢討，可以提高孩子對於自我與生活週遭的敏銳度，同時慢慢地理解與感受自己的情緒，日後也較能理性地解決所遇到的各種問題。

🖤 孩子不是漫不經心不在意，而是缺少具體的連結

孩子什麼都會忘得像沒發生過一樣，但好玩的好吃的卻絕對不會忘。舉個最常見的例子就是，平時都不會記得要早睡早起，但只要遇到校外教學日就完全不需要提醒，甚至比平時更早起床，也梳洗準備好了等待出門，背包裡該帶的零食餅乾一樣都不會少。怎麼跟平時的表現差這麼多呢，難道是孩子平時故意裝糊塗嗎？

其實那是因為玩樂與飲食都和孩子從小到大的生活息息相關也是孩子最喜愛的互動，快樂與期待能讓大腦產生愉悅感而更專注；學習和生活自理的所有事，幾乎都是爸媽或由主要照顧者從孩子很小的時候，就跟在旁協助幫忙下完成的，所以當孩子開始要獨立靠自己完成這些任務時就會露出很多不足的地方，因此孩子需要更多的時間與機會來練習。

要孩子連貫地記下爸媽的交待實在有些困難，因為爸媽通常只會給予指令要孩子去完成「記得」這個任務（例如：記得喝水、

記得帶回餐袋……），孩子聽到了完整指令也能夠一字不漏地複誦，但那些只有文字的指令無法讓孩子與任務之間產生任何有效連結，所以在下一個情境中就不知不覺地忘了。

孩子最喜歡聽故事了，故事裡的情節即使只講過一次，孩子也能倒背如流。這是為什麼呢？因為爸媽在為孩子們說故事時不論是聲音或表情都注入了情感，而故事情節也在孩子的腦海裡具體地呈現出來，每當腦海裡深刻的畫面越多，孩子就能完全不費力很自然地記下一切，就像是原本就有的記憶一樣清晰。

記得兒子上幼兒園後（3歲半），我就是以「說故事」的方式告訴兒子，每天早晨起床後需要自己幫自己的事有哪些，再將這些腦海裡的畫面以具體的方式畫下來（如下方圖片所示）讓兒子練習也培養責任感。那個時候兒子每天都很開心期待著，因為早晨起床後即將展開一整天的故事。比起冷冰冰的催促和給予指令，我想「快樂」更能在每個人的心裡留下深刻的感受和記憶，所以爸媽們何必讓怒氣瀰漫在親子之間揮之不去呢？好好說話、好好感受就能理解孩子。

　　如果孩子又忘了哪個步驟或是哪件事情，相信孩子比爸媽還要驚慌失措，記得以下這五個大原則並放在心上：

一、先同理並接受（因為事情已發生，再多怒氣也於是無補）

二、彼此溝通後一起討論

三、給孩子多一點時間適應和練習

四、孩子也要學習自我承擔的責任

五、用鼓勵和讚美取代情緒性責罵

　　孩子不會故意討罵，只是需要長時間的練習，爸媽要學著緩和自己的過度擔憂，把屬於孩子的責任慢慢交還給孩子並在旁陪伴協助，用愛和耐心重新建立與孩子之間的信任，這樣孩子才能有足夠的信心相信自己可以做好。

先別急著告訴孩子怎麼做才是最好也最正確的！

孩子需要的是
自發性的學習而不是說明書，
到達成功前請站穩腳步
才能走好每一步

故事是這樣開始的……

故事一：

爸爸和智玟（5歲／女孩）一起將早上收到的玩具拆封。

「那是一組大家評價都很好也非常熱賣的遊戲組，可以訓練反應力和腦力開發喔！」媽媽開心地這樣介紹訂購的新玩具。

「哇！真是太好了，這樣對孩子的發展有益。來，智玟，我們一起玩。」爸爸捲起袖子拉著媽媽一起玩。

「不對！妳不可以這樣拿走，這樣一定會倒，妳要從這一塊開始。」

「等一下，等一下，先放回來。我教妳這樣拿出來，絕對不會失敗。」

「啊！不對不對，我剛不是跟妳說要斜放才不會倒嗎？」

「智玟啊，妳剛才到底有沒有在聽啊？妳怎麼停下來了？」爸媽二人不斷地提醒智玟。

「我不知道要怎麼玩。我現在要怎麼做，才不會失敗呢？我在等你們跟我說。」智玟很怕出錯，於是停著不敢動。

故事二：

佑哲（7歲／男孩）每次放學的回家功課都是在媽媽的完全指導協助下完成，國語的造句與造詞是媽媽想由佑哲寫下，數學的應用題也是媽媽講解完題意並告訴佑哲如何計算才會是正確的。因為媽媽的全力協助，讓佑哲每次的回家功課都被老師稱讚也是滿分的常勝軍，但是只要遇到考試就會讓佑哲感到挫折與焦慮，也讓媽媽感到生氣與自責。

佑哲在訂正數學考卷時，因為一直算錯而難過地哭了。媽媽雖然心疼孩子的難過，但也不解為何佑哲還是錯同一種題型。

「這個類型的題目，我們不是天天在寫嗎？我都有告訴你要怎麼算，你怎麼還是錯？你有在聽嗎？」媽媽小小抱怨著，並要佑哲調整情緒後繼續訂正。

故事三：

爸媽想將這次暑假的全家旅遊規劃交給君安（12歲／男孩）去負責，君安一聽到這個消息興奮地整晚嘰哩呱拉，有講不完的話也沒有打算要停下來，因為這是第一次爸媽讓他負責旅遊規劃。君安花了一週的時間將旅遊的安排寫在筆記本上並請爸媽看。

爸媽在看過君安的規劃手記後，認為和原本心裡想的安排相差甚遠，所以要君安一項一項照著爸媽的想法修改，但卻讓君安大失所望，也對爸媽感到生氣。

「爸媽不是說要全部讓我來規劃嗎？為什麼又一直改，幾乎全部都修改了！」

「不是因為你規劃的不好啦！而是我們比較想這樣安排而且也很好，不過你第一次做這樣的規劃就能有如此的表現，我們覺得你真的很厲害。」

「但是，你們還是全改了。以後別再叫我安排了，你們自己安排就好了，我沒有意見。」君安拿回自己的規劃筆記本失落地走進房間。

故事中的爸媽一定覺得是……

　　我的孩子是不是比較笨，怎麼學習能力都無法有更好的突破呢？該注意的或該教的都做了，如果不是我的問題，那麼就是孩子的學習能力有問題，否則怎麼可能會這樣呢？常看到孩子一副興趣缺缺提不起勁的模樣，真叫人感到灰心。

其實孩子只是……

　　不知道要怎麼做才會讓爸爸媽滿意，每一次都會被糾正，最後只能照著爸媽的想法去做，但我並不想要照著做，我只想要爸媽問問我的意見也在意我的想法。我長大了，我可以自己去做嗎？我們可以一起討論，可以嗎？好不好？

我們可以陪著孩子一起學習，一起成長！

 ## 父母給的到底是愛還是礙？

爸媽總是害怕孩子受傷吃苦或是多走了很多不必要的冤枉路，而不自覺地用「速成」的方式協助孩子更快到達成功，這是愛卻也在無形中形成一種隱形的阻礙。因為在速成的過程中少了讓孩子可以主動思考的機會。

「父母」其實一直是個很矛盾的角色，當還在學習如何為人父母時，心裡總會希望孩子可以在不設限的環境中健康快樂地長大，但又被「擔心如果給的不夠多，會不會反而讓孩子失去更多」的擔憂纏繞著，於是給孩子的限制就一個接著一個來。爸媽心裡明白孩子表達的想法並沒有不好，但就是忍不住在孩子所表達的意見裡挑剔著。因為愛孩子，所以斤斤計較著如何讓自己的孩子好還要更好。

生命很美妙也真的很不可思議。孩子從牙牙學語到會表達會爭論的成長轉變是一種發展成熟的表現，孩子也開始有自己的想法和想要的生活與學習模式，這不是孩子開始叛逆的開始，而是慢慢地換孩子引領著我們往前，而身為父母的我們，要開始懂得將原本握緊的手緩緩地鬆開讓孩子未來能走得更遠。

 ## 請放下手上的遙控器，因為人生無法任意選擇，快轉更幫不了孩子的忙

孩子從小就在父母的照顧下成長，父母也習慣性地為孩子付出，雖然孩子的成長過程中需要父母的指引與教導，不過並不是每

件事都需要父母參與。在可能危害安全與影響他人的情況下，父母確實需要立即介入協助讓孩子更清楚自己所處在的處境為何，並學習如何用更適當的方式去應對，此時父母協助孩子的方式與態度就非常重要了，因為都將深深影響孩子未來的人格發展。

父母對孩子的生活食衣住行等大小事有不同程度的堅持，而屬於孩子內在的需求似乎總是缺乏關懷。孩子的內在需求除了愛與陪伴，同時也渴望被尊重，渴望被視為獨立的個體可以擁有獨立思考的權利。只可惜很多父母總誤以為讓孩子擁有過多的思考自由會導致孩子行為偏差而處處限制著。

以文中的三個小故事來說明，任何事情的發生與最後產生的結果都是有其關聯性，父母幫孩子斬斷不好的因素而得到好的結果或得到正確的解答時，都會讓孩子因為無法分辨清楚每件事的前因與後果而困惑。

不論中間的過程有多漫長艱辛都必須讓孩子親自體驗感受與承擔，因為豐富生命的養分是深刻的體會。急著幫孩子快轉的後果真的有助於孩子成功嗎？追求速成的教養，孩子全看在眼裡也感受在心裡，那些省略等待的方式也讓孩子學不會尊重。

♥ 學習等待與尊重，把自主思考的權利還給孩子

每個人的學習能力與吸收速度本來就不同，急於看見成效與美好結果的父母會忍不住在孩子後面幫所有的忙，其實這並不是真正的教導而是一種催促與否定，孩子因此無法專注在如何解決問題與勇敢嘗試錯誤也感到無力甚至失去了自我存在的價值，而父母不會知道的是，這些不安焦慮的情緒正是影響孩子學習吸收知識資訊

的主要原因。忽略孩子的內在需求，只要求美好的結果很容易讓孩子拒絕學習或處理新的事物，因為孩子害怕失敗更怕犯錯。

沒有人會喜歡被強迫著去做某些事或是決定，但如果是有過往的深刻經驗或體會那就不一樣了。有了這些不論是好的或壞的經驗累積，孩子會依循這些已存放在大腦裡的經驗值而主動也積極地去做調整。

欣賞每個不同氣質的孩子，鼓勵孩子思考多嘗試：

▶ **細膩型的孩子：（多鼓勵與陪伴，增加自信與成就感）**

總為別人著想也在意別人的想法，很怕自己做不好而有不少的焦慮，會因為父母的過度介入而常覺得自己是個失敗者。常因擔心犯錯被責備，甚至寧願沉默也不敢說出心裡真正的想法，讓父母誤以為學習能力有障礙或難以溝通。

▶ **求知型的孩子：（給予自我嘗試的機會，引導孩子放慢腳步）**

勇於嘗試思考活躍也喜歡接收新資訊，父母如果過度介入會讓求知型的孩子失去耐心最後放棄也提不起興趣。求知型的孩子，因為勇於嘗試常不小心就忽略小細節而讓父母認為粗心大意。

▶ **觀察型的孩子：（提前預告並幫忙孩子熟悉活動，引發興趣）**

不確定或沒興趣的事物不會馬上投入，會試著觀察和多面性的考量來增加安全感，父母如果過度介入會讓觀察型的孩子馬上抽離想投入的心。常因為多方面觀察沒有十分確定的態度讓父母誤以為三分鐘熱度或懶散。

❤ 讓孩子學習當自己的管理者與決策者並為自己負責

學習可以在日常生活中，用最自然輕鬆的方式去感受體驗「原來我可以自己辦到」。孩子在能力範圍內（依照每個孩子的發展）可以自己做好的事情，父母可以用引導的方式帶著孩子去嘗試去決定也學習承擔後果，才能培養孩子獨立和責任感。

故事一的智玟對於新玩具的期待並不是要拿冠軍而是喜歡可以和父母一起玩的歡樂氣氛，父母在智玟尚未熟悉的情況下就想用快速的方式讓智玟全部理解，反而增加了智玟的無助感也不敢輕易嘗試。

父母要學著承認孩子本來就會犯錯而且不會只有一次，才能放心地把練習失敗的機會交給孩子。父母可以先讓孩子思考遊戲與玩具的整體性，再講解玩法或組合法，最後在真正操作遊戲時就讓孩子自己思考如何操作，操作錯誤也不要急著推翻，請用引導的方式讓孩子發現問題點並適時給予協助。

掌握以下重要原則，讓孩子更願意多嘗試不同新事物：

⭐ 尊重孩子的感受與想法

⭐ 不論年紀多小也要學習溝通

⭐ 不要強迫孩子學習

⭐ 停止催促並放慢速度

⭐ 先認同孩子再引導

⭐ 不過度干涉或反對孩子的做法

⭐ 不鼓勵一心二用的學習

⭐ 等待孩子發現錯誤尋求父母幫助

　　鼓勵孩子嘗試不要怕失敗，父母要有耐心陪伴並觀察孩子的難處在哪裡，才能真正幫助孩子。不在一開始的時候就主動介入太多是為了能讓孩子有更多的體驗的機會，同時也不會造成孩子過於急燥、易放棄和過度依賴父母的協助，而被動地等著有人來幫忙完成的僥倖心態。不插手介入孩子的學習會發現孩子反而得到更多。

♥ 孩子能夠往前每一步，都是因為有父母的信任與守護

　　忙碌緊湊的學習生活，我們更需要同理、體恤，支持孩子但並非每件事都替孩子安排得面面俱到，試著不主動幫忙，陪伴鼓勵孩子思考如何往前走每一步，成長絕對不要求效率，給予時間相信孩子也有能力做到。孩子不會故意唱反調，而是渴望得到父母的肯定與認同。

　　教養的過程中，很多事情都在加入了不可缺少的「父母」因素而變了質。我們總是忍不住要幫孩子做這個做那個，決定也安排好萬無一失的一切，可是很多時候說穿了，其實是順著為了讓自己更方便而幫孩子做安排選擇或是滿足父母的成就感，於是將思考練習的自主權從孩子手中奪走。

　　父母必須認同孩子是獨立的個體而不是自己的私有物，才能夠不在孩子的利益是否損失上計較著。請接受孩子的獨特性，讓孩子能安心地帶著父母給的信任繼續前進，即使一開始會遭遇各種挫敗，孩子也因為父母的陪伴有了更多的勇氣去闖去試，這才是父母愛孩子與守護孩子的方式。

孩子凡事慢吞吞，拖拖拉拉的個性讓我快失去耐心！

跟著孩子一起練習如何更好 而不是一起失控， 限時與責罵只會讓情況更崩潰

「早安，起床囉！我把校服放床上，趕快起床換衣服了。」媽媽俐落地綁個馬尾離開房間準備做早餐。

「嗯，好！我要起來了。」安博（7歲／男孩）仍賴在床上。

「安博！快點起來，怎麼還躺在床上？」爸爸催促著。

「好啦！我很累，還想再睡一下下！」安博睜不開那厚重的眼皮還是想睡。

「累什麼？叫你早點睡不要，硬要拖那麼晚才睡，早上

又爬不起來。快點起床，我今天要早點去公司，你不要拖時間。」爸爸開始有點不高興了。

舉行完三催四請的起床儀式後，安博總算是換好衣服也梳洗完畢了，但卻坐在沙發上發呆。媽媽做好了早餐未見安博過來又看到他坐在沙發上發呆，火氣忍不住要噴發，但還是耐住了滾燙的火氣，喚了安博來吃早餐。

「快點吃，不要再玩了。你的書包整理好了嗎？今天社團課要帶材料，記得吧？」媽媽邊吃邊提醒著。

「有啊！我準備好材料了，今天要帶的生活課本已經放了，我先去拿。」安博還沒有吃完早餐就急著跳下餐桌往書房裡衝。

「你在幹嘛？都趕著要出門了，你還在房間裡摸什麼？都幾點了？」媽媽看到安博居然還坐在書桌前玩色紙的這一幕，很不高興。

「啊！沒有啊，我只是要收一下這個摺紙的作品。」安博被媽媽嚇了一大跳正急忙解釋著。

「我真的很受不了你，你不是都說準備好了，現在還在玩。是在幹什麼？」媽媽很生氣地指著安博罵。

「陳安博，我跟你說喔，我再給你十分鐘準備，十分鐘

過後再沒準備好在門口等我，你看我會不會修理你！」爸爸發出警告。

「我有準備啊！我只是看到書桌上有我摺紙的作品要收一下而已。又不是故意的。」安博急忙解釋著。

「以後你自己看著辦。上學是我的事嗎？你真的很誇張，每天都不知道在幹什麼！我快被你氣死了。」媽媽拿起椅子上的包包背上後，準備要出門。

「動作慢吞吞又一直拖拖拉拉的，什麼事都做不好，你這副德性將來能有什麼出息，我看了就火大。」爸爸回頭看著剛才設定好十分鐘的計時器。

這一天仍然沒有在預定的時間內出門，而且每個人的臉上都掛著不同程度的愁容出門上班上課。在往學校的一路上，爸媽還是很生氣地對著坐在後座的安博斥責數落。而安博像是獨自一人待在透明的玻璃屋裡，將爸媽的怒氣完全隔絕在外，淡淡看著車窗外一幕幕閃過的畫面。

故事中的爸媽一定覺得是……

已經七歲了！已經七歲了！今年就要升小二了，還這樣每天混混沌沌的不知在幹什麼，看了真的又生氣又擔心。每天也就只有上學這件事，居然可以把自己弄得那麼狼狽。每天每天的提醒都不知道是為了什麼，好好講好像根本沒有用？每天早上都是這樣拖拖拉拉的，延誤了我們上班的出門時間，我們能不急嗎？

其實孩子只是……

我真的不是故意的，只是剛好看到書桌前的摺紙作品有一點歪掉，所以想要快點修好，我怕等我放學回來再修就來不及了嘛。每次回到家都已經很晚了，爸媽一定又不准我玩太久，因為很快就要睡覺了。我真的已經很快了，我沒有故意拖拖拉拉呀！爸媽要我做的事我都有做完，又不是沒有做完，每次都要這樣罵我。

179

我們可以陪著孩子一起學習，一起成長！

💗 對孩子的每一項要求，
是否都忘了考量孩子的感受呢？

有了孩子之後凡事都在追趕，可怕的是好像永遠都追不上一樣，只好拼命地快快快、趕趕趕。但爸媽不是神，也會在這樣的過程中感到焦慮和不耐煩，尤其是每天早上，在那極短有限的時間內要完成好多事，還要送孩子上學不能遲到，真的是把唯一僅存的耐性全部消磨殆盡了。有了孩子的每個早晨，都像是在上演電影《不可能的任務》那樣緊張刺激，只不過我們不是湯姆克魯斯，沒辦法優雅又不失帥氣地把所有事搞定！

亂糟糟的過程中，連平時怎麼看都可愛的臉龐也突然變得厭惡，心裡的怒氣也不斷地被挑起，孩子卻好像狀況外似的，要推一步才前進一步，爸媽怎麼會有多的心思去欣賞孩子的優點呢？

一天24小時裡，永遠有事情是做不完的，在擔心事情沒有辦法如期地完成時，爸媽會開始限制時間，於是孩子就必須在倒數的時間內被趕著完成，整個心思也都在「時間快到了」中計較著，而真正該學習的責任卻被忽略得徹底。爸媽與其催促責罵不如仔細思考「為什麼孩子這麼慢」，是孩子太慢還是爸媽太急？而這又是誰的責任？

因為，孩子上學要遲到了？所以，你要快一點！再快一點！
因為，孩子睡眠時間不足？所以，你要快一點！再快一點！
因為，孩子功課多寫不完？所以，你要快一點！再快一點！

因為，沒做完會被老師罰？所以，你要快一點！再快一點！

因為，爸媽趕著出門上班？所以，你要快一點！再快一點！

因為，媽媽現在要去煮飯？所以，你要快一點！再快一點！

因為，爸爸很累想要休息？所以，你要快一點！再快一點！

因為，爸媽等等還有事忙？所以，你要快一點！再快一點！

因為，我還要幫你到何時？所以，你要快一點！再快一點！

爸媽的擔心與催促都是有原因的，不過每一種原因都看不到孩子的感受，是因為孩子不能有表達的權利或是孩子本來就不該忤逆爸媽的話嗎？

💗 生氣與不耐煩的情緒可以被理解，但請不要過度延伸或放大

養育孩子的過程中，誰沒有生氣過，誰沒有認為孩子是在折磨人？看著孩子慢吞吞地好像與我們平行生活在另一個星球的模樣，難免會有不耐煩的情緒或是憤怒這是可以被理解的，我想所有爸爸媽媽，包括我自己都能體會也完全能夠體諒。可是我們不知道的是，當我們向孩子丟出情緒的結，孩子只能感受到疼痛卻不知道如何將結解開，除了慢慢地耗損了親子間的能量，將來也會對任何新環境產生不安全的壓力感。

生氣與不耐煩的背後其實是因為著急和無法等待，只是孩子不懂也找不到解答，只能夠順從，但卻不服氣。爸媽看到的總是孩子做不好的那一面，其實那是孩子能力有限，並不是孩子真的做不好。如果，爸媽能夠在每一次對孩子不滿意的情緒前面先深呼吸、靜止，默數六秒（6—5—4—3—2—1），然後輕輕地說出

「孩子，需要我的幫忙」並提醒自己在對孩子要求前先給予尊重和信任，給孩子時間也陪孩子一起練習，一定可以看到孩子的成長。

動作慢，是爸媽一直以來最介意的壞習慣，總覺得慢會影響未來的發展，所以心裡對孩子的焦慮就無限放大到很久之後的未來，甚至害怕孩子是個沒出息的孩子。其實「慢」有很多原因需要去了解，而訓練孩子動作快也不是在孩子「需要開始獨立自我打理時」才開始下快快快的指令，孩子在完全沒有準備好的狀態被催促要快速完成只會流於形式，並不會真正的理解到什麼是屬於自己的責任。

這些日常小事罵一罵就過了或許不會直接影響生活太多，但爸媽應對的態度卻深深影響孩子。如果爸媽經常因此生氣動怒或是不耐煩，孩子也會被強化凡事在達不到自己的標準或是一遇到挫折時，就跳過思考反省而用情緒來反擊。爸媽同時也要學習調整被孩子影響的情緒，跟著孩子靜下心來覺察內在，親子關係才不會常常因為小事而失控。

♥ 用鼓勵代替挑剔，越慢就越需要更多的時間練習

爸媽常常用自己的高規格標準來為孩子設下難以達成的目標，孩子做不到是因為練習的時間不夠、方法不對，所以還不夠流暢，並不是孩子沒出息。而爸媽最常使用縮短時間也就是「限時」的方式練習速度，其實並不會讓孩子加快速度，反而拉長了時間。

練習需要一步一步慢慢來，想要孩子在短時間內學會所有事情只是徒增學習的壓力，有些孩子甚至因此焦慮而出現咬指甲、抓頭髮或是看到爸媽拿出計時器就崩潰大叫的情況。要避免這些造成

孩子的負向發展，就要調整對孩子的需求要符合孩子的發展而不是過度強求。

「生活自理」是孩子從小就應該練習的能力，但是這個練習的機會常被爸媽抓著不知道要放手，因為爸媽總是嫌棄孩子做不好、挑剔孩子不完美，怕孩子弄砸就將屬於孩子需要練習的能力奪走也一手包辦起所有事。

爸媽千萬別擔心孩子學不會，因為練習最重要的是強化孩子的生活能力，而不是非要孩子學會完美或是不能有任何差錯。當孩子開始探索世界會爬會走的時候，就能陪伴孩子開始一點一點地做練習。

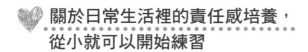

關於日常生活裡的責任感培養，從小就可以開始練習

▶ 孩子喝完牛奶、用餐完畢，換下衣物時，可以引導孩子將奶瓶、餐具、衣物放置在一個待清潔或是孩子能觸碰到的地方（可以是盒子或是籃子）。

▶ 玩完玩具後，即使孩子還小無法收拾大型玩具或收拾得很整齊也要引導孩子做玩具的分類收拾。

▶ 幫孩子準備一個隨身小包包，裡面放著外出常用到的用品，例如衛生紙、溼紙巾、防蚊液、手帕等重量較輕的小用品，讓孩子揹帶著外出，有需要時則讓孩子學習自己拿出來使用或是請爸媽協助，回家時也讓孩子自行練習檢查所帶之物品是否都記得放回包包了。

▶ 外出、用餐前、洗澡前或入睡前，可以將關燈關門、整理

床、擺放餐具、預備入浴用品、鑰匙、帽子等簡單之任務交由孩子練習做。

以上都可以依孩子的成長做延伸練習，例如：二歲前的孩子練習幫忙準備幾項簡單入浴用品，二歲至三歲可延伸在完成準備入浴用品後，再接著準備沐浴後要穿的衣物，以此類推。讓孩子在玩的過程中學習也體驗，每件看似簡單的日常生活小事在實際操作執行的時候，原來有許多小細節是需要注意的。

與孩子提前做好約定並遵守約定，不袒護也不過度苛責

不論是上學前、出門前……的準備工作，爸媽都能提前和孩子做好約定，除了再次提醒孩子外也要讓孩子學會尊重他人是一種最基本也該有的態度，做任何事情要保持認真，如果敷衍了事影響的不會只有自己一人，而是牽動著和自己有關聯的家人。

孩子一定做得不完善也不完美，但這是學習的重要關鍵，請鼓勵稱讚孩子完成任務的那份心意，別再挑剔或放大孩子做不好的部分，相信每個孩子經由每日生活的練習能夠培養責任感也增加不少成就感與自信心，自然就不會有厭惡的心情或是慢吞吞的狀況發生。等待真正步入校園生活時就完全可以勝任「把自己照顧好」的工作，爸媽也不用每天為此與孩子陷入溝通的障礙。

教導孩子、陪著孩子一起練習絕對不是為了爸媽更方便或是更省事，在這些不起眼卻又繁瑣的日常小事裡，看似習以為常的生活習慣卻是慢慢累積孩子將來獨立的能力。

雖然我知道不該一味地要求孩子拿第一名，
但還是忍不住插手……

孩子的學習不過度插手，但也別讓孩子認為成績和學習一點也不重要

故事一：

新儒（10歲／男孩）正擔心回家後會發生的事，所以在安親班和同學討論著今天期中考的分數未達95分該怎麼跟爸媽解釋，但一群年齡差不多的孩子實在也想不出什麼好方法。

「總之，新儒是完蛋了。」大家都這樣對新儒說，而新儒也好像認命似地默默期待他的處罰會是什麼。

「新儒，有二科怎麼才考90分呢？發生什麼事了嗎？這不應該是你會錯的題目吧？」

「你說吧，這次又是什麼理由？」爸媽看著考卷不解。

「因為……」新儒思考著要說些什麼理由。

「這個週末去玩水的旅行先取消，等你都把這些不熟的都練熟了，再說吧！」爸爸拍著新儒的肩膀。

「兒子，你要加油喔！爸媽辛苦一點無所謂，只要你拿前三名就是送給我們最好的禮物了」。媽媽幫新儒打氣。

故事二：

小韻（14歲／女孩）拿著英文考卷走向老師並小小聲地告訴老師：「老師，這個地方您改錯了，我其實有寫答案，只是寫在最下面一行。」

「有嗎？」

「有的，在這裡，小小的一行。」小韻指著考卷上被圈起來的部分。

「所以，我多扣了妳二分嗎？」

「對，多扣了二分！應該是60分才對，謝謝老師！」小韻拿著紅筆要遞給老師。

「小韻，我很確定在改的時候沒有這一行，這是後來才被加上去的，妳要不要說實話並告訴我怎麼一回事？」老師把考卷還給小韻。

「我……」小韻漲紅了臉不敢看老師。

「因為我的英文一直很不好，爸爸有讓我去補英文，如果我再考不及格的話，爸爸就會生氣，所以我才想要改分數，老

師對不起⋯⋯。」小韻說著說著就哭了。

故事三：

期未考終於結束，蔓蔓（13歲／女孩）拿著滿分的考卷準備回家和爸媽報喜，因為爸媽說如果拿滿分暑假就能去迪士尼玩，蔓蔓好期待。

「爸媽，你們看你們看我的成績！」蔓蔓很開心地秀出一張張滿分的考卷。

「哇！蔓蔓真是太棒了，我就知道我們家蔓蔓最厲害了，什麼都難不倒！」爸爸忍不住揚起微笑並拍了拍蔓蔓的頭。

「蔓蔓啊，上次妳不是還問媽媽想要什麼生日禮物嗎？」媽媽問。

「對啊！媽媽，妳想要什麼禮物呢？妳喜歡什麼呢？」

「不用了。只要妳一直這樣保持前三名，就是送給媽媽最好的生日禮物了。」媽媽和爸爸二人對笑著。

「可是，如果我下次沒考好怎麼辦？」蔓蔓突然擔心起來了。

「呸呸呸！不會的，妳一定要更努力就不會有考不好這件事發生了，懂嗎？親愛的女兒啊，妳其實不必太擔心，我們都有和家教老師說好了，暑假過後每週末都會加時段幫妳再加強，所以妳一定可以拿高分的！」

「什麼！又要加時段了？！可是我⋯⋯」蔓蔓開始感到無奈。

故事中的爸媽一定覺得是……

孩子的能力有限，學習的方向也總是拿捏不準，當然需要做爸媽的來幫忙，否則任由他們迷失方向那多可怕。天下沒有自動自發的乖孩子，只有不認真的懶父母，只要是能為了孩子好，花再多錢請老師來加強不足的部分也都是學習的基本態度。孩子把書唸好，將來才不至於窮苦潦倒。

其實孩子只是……

不知道長大後的我除了唸書還會做什麼？爸媽每天追著我跑，而我卻追著成績跑，追趕的生活是每天的日常，雖然是日常卻好像是我的全部了。好想真正的休息一下，真正的休息不是被安排好的！

我們可以陪著孩子一起學習，一起成長！

被包裝過有目的的愛並不是真正的愛而是一種手段

「爸媽什麼都不要，只要你考滿分拿第一就是對我最好的報答了」「我只不過是要求你要考好一點，又沒要你出去賺錢，這樣很難嗎？」「你知不知道，為了讓你有好的學校唸，我們花了多少錢又費了多少苦心！這些難道都不是愛嗎？」「花那麼多錢讓你去補習，你考這是什麼成績？」「我對你付出那麼多，你拿這什麼成績來報答我？」以上的金句，你／妳曾經說過哪些呢？

「別讓孩子的學習只剩下考試與成績」這是一個理想化的學習，誰不希望如此呢？但是身在現在體制內教育下學習的孩子卻還是得往競爭的方向回頭走，學習壓力因為各種因素變得更加複雜。想要把心目中的教育理想化，卻還是被現實的競爭綁住也掙脫不了。

孩子的學習壓力之所以變得複雜難以消化是因為除了要管理好自己的成績與學習外，還要看爸媽的臉色與心情並且符合社會的期待。爸媽雖對孩子好卻也藉此要求成績，多重的壓力之下讓孩子對於學習和自我價值產生了矛盾。

成績沒有好與壞，也不表示孩子一定不認真或不努力，如果爸媽總把重點專注在成績上又習慣性地去追究其「考不好」的責任，對孩子來說是不堪的對待也無視他們的努力，因為「考不好」等於不值得被愛，再努力也不及那些密密麻麻的成績。

♥ 孩子不敢伸出手求救是因為爸媽不懂也不願了解

　　爸媽往往只看到表象的成績就對孩子做了直接又不正確的判定，好像成績就代表了一切，成績背後的真相更需要爸媽去理解孩子的困難與盲點。不過，爸媽也不需要因此怕孩子受傷或擔心增加孩子的壓力，而告訴孩子「考試與成績都不重要，沒關係，我只要你快樂就好」，這樣只會讓孩子在面對學習時手足無措，更誤導孩子也影響未來的自我價值觀，爸媽該讓孩子了解的是「成績」代表什麼、怎麼定義，以及隱藏在成績背後的意義是什麼。

　　成績是一種結果，可以分析與檢視，讓孩子學習認識自我而不是被成績默默地綁架。有時候是父母給自己的壓力太大，一不小心就把學習複雜化了，學習的目的是讓孩子學會對自己負責並學會解決問題，不用千奇百怪的方法逼孩子學習，用行動來引導孩子思考，製造學習的動機，滿足孩子學習的好奇心。爸媽何不跟著孩子一起做、一起學，甚至一起錯，錯了才能了解孩子的難處在哪裡，也就能體會孩子的心。

　　用成績來斷定一個孩子的程度和會不會讀書實在荒謬至極，有時候孩子可能是因為教學者的教學方式不適合，或是太艱深的內容無法完全吸收，並不代表真的不會，也有可能是孩子的身體不適及任何突發狀況而導致成績不如爸媽預期。就我的例子來說，自認為完全不是數理的料，每次考試我都是乖乖排隊領「打」的那個墊底女孩。直到某一年我遇到了一位親切有禮、上課生動有趣、體諒孩子的難處也允許同學發問的代課老師之後，就大大改變了我墊底的人生。我從一路墊底到班上的前幾名的期間，不只我被自己驚嚇到，連老師和爸媽都忍不住懷疑我是不是作弊。大家心裡的問題

只有一個，那就是：怎麼可能在短時間之內就殺出重圍呢？是啊，連我自己都不敢相信已經不用再挨板子或是罰站了。我仔細回想才發現，原來不是我真的不會，而是老師的教學方式並不適合每一個人，而我很幸運地遇到了這位代課老師開啟了我學習的另一個方向，也讓我重拾信心。

學習的目的絕對不是拿滿分，
別讓成績控制孩子的思考

　　學習的路上風雨不會間斷，就像是一條崎嶇的路。我們可以引導孩子了解如何跨越、掌握可預期與不可預期的事，讓孩子學習面對與負責並運用自己的能力試著解決問題。千萬別告訴孩子「沒關係，那一點也不重要！」成績是自我實現的過程，這份真切的感受是孩子自己的，只有孩子才懂得的深刻。爸媽如果一直誤導孩子用成績證明能力，孩子就容易迷失在成績裡甚至被成績控制了一切。

　　關於成績，爸媽也要有相對合理的期待。成績並非不重要，那是一個自我實現的過程。學習的最終目的絕對不會是拿滿分，努力的過程與自我實現的部分才是學習過程中最重要的能量！孩子不一定懂得很透徹，但爸媽一定可以陪伴孩子慢慢了解並找到自己的答案。磨拳擦掌的每一次學習都是未知的旅程，與其訂下死板板的目標與作息，還不如思考如何開啟學習的動機並陪伴孩子找出適合的方式，這樣更能讓孩子為自己的學習負責。

8

任何不起眼的生活小事對孩子而言
都是最重要的事，請別再幫孩子代勞了

爸媽無止盡的付出，教養出愛抱怨
不知感恩也沒有責任感的孩子

故事是這樣開始的……

故事一：

「奶奶，掉了，幫我撿！」「媽媽，我要吃！」「媽媽，擦擦手！」「爸爸，穿鞋鞋！」「爺爺，疊高高！」每天都聽得到家妮（3.5歲／女孩）和家人的日常對話，家人也溫柔地回覆著家妮每件事。

「老師，柳丁有籽我不會吃，妳要幫我把籽籽弄掉。」

「老師，衛生紙掉了，幫我撿。」

「老師，我不會自己刷牙，幫我刷。」

「老師，我不敢下樓梯，妳要抱我下去。」

「家妮，妳可以試試看自己做，慢慢來，我會等妳的，別擔心！」家妮剛入學沒多久，還在適應全新的學校生活，不過家妮發現學校和家裡不同的地方在於什麼事都要自己做，但是家妮不會，所以她不喜歡上學。

經過了二個多月的日子，家妮還是有點不習慣在校的生活，這天她沒有帶到手帕，老師問家妮怎麼沒有帶呢，家妮和老師抱怨：「都是媽媽她忘記幫我帶了，害我洗好手都不能擦手手。」

下課時間，小朋友們玩在一起好不開心。家妮在跑步時不小心跌倒了，家妮哭著要老師扶她起來。老師扶起了家妮並檢視家妮的身體，經過檢視後並無外傷，但是家妮卻生氣要老師打地板：「因為都是地板害我跌倒的。」

每天早上家妮總是抗拒去上學，爺爺奶奶捨不得小孫女這麼累，於是向老師討論上學時間可否讓家妮睡到自然醒再去上學，還有用餐時間的餐點如果有家妮不愛的菜就允許家妮不用吃。家妮聽到了爺爺奶奶和老師的對話後，很開心地跟同學說這件事，用餐時間還不忘提醒老師：「我爺爺奶奶說我可以不用吃這個綠綠的菜哦，老師，妳不要忘記了喔！」

故事二：

小芸（17歲／女孩）已有好一陣子不和家人說話，全家人因為小芸難過而自責。小芸很氣爸媽總是偏心也對她不好。

「老師，妳知道嗎，我爸媽很過分！」

「怎麼說呢？」

「我爸讓我哥哥出國留學，卻不讓我出國留學。偏心！」

「妳有去了解原因嗎？老師個人覺得不一定要出國才能唸書啊！」

「好像是因為我爸在去年的時候，被什麼倒帳之類的追不回了，現在還欠了銀行很多錢。我爸媽是有跟我一直道歉。但是我不管，我也想出國去唸書，再怎麼樣也要想辦法啊，讓我和哥哥一樣可以出國，這樣才是公平。我真的覺得我是最可憐的小孩，被犧牲掉的小孩，這讓我更討厭我哥哥。」

「小芸，妳知道妳的家人為此而自責嗎？其實不是不讓妳去，只是家裡目前有困難……。」

「他們本來就應該感到自責，我會這樣還不是因為他們偏心。」小芸還未等老師說完就急著抱怨。

故事中的爸媽一定覺得是……

故事一的爸媽：孩子還小也才三歲半而已，本來就需要我們小心的呵護，小小年紀的他／她們哪裡懂得照顧好自己呢？現在這個階段當然是我們做爸媽的要全心保護，孩子才能健康快樂，不受限制無拘無束地長大。等孩子大了就會知道怎麼照顧自己了啦！

故事二的爸媽：天下父母心，我們給得起的一定給，只要我們有能力是絕對不會讓孩子去外面打工吃苦的。孩子的未來要有成就並不是靠半工半讀學經驗，要有成就一定要在沒有干擾的情況下接受好的教育。

其實孩子只是……

故事一的孩子：爸爸媽媽還有爺爺奶奶是對我最好的人，不論什麼事都會幫我，我想要的也會買給我。如果我不想做某些事也不用怕，因為他們一定會幫我，我什麼都不用怕。

故事二的孩子：從小到大我想要的都能如願得到，那本來也是我應得的，憑什麼出國留學這件事輪不到我。看著哥哥學成歸國我的心裡很不能平衡，爸媽和哥哥即使對我有再多的道歉，對我來說完全沒有用。

我們可以陪著孩子一起學習，一起成長！

♥ 無微不至的照顧、無止盡的付出，
會讓孩子失去更多「心」的自由

少子化的社會，教養變得精緻，連照顧也變得更細緻，每個孩子就像是被養在無菌室裡一樣被照顧得一塵不染，但也經不起風吹雨淋。文中小芸的故事裡我們能察覺到誰對誰錯嗎？

其實小芸和爸媽甚至是哥哥都沒有錯。那是自幼就養成的生活與教養模式，因為愛子心切的爸媽，總是竭盡所能不求回報地為孩子們付出，即使再苦也獨自忍受不想讓孩子們擔心。小芸生氣，看在爸媽的眼裡除了心疼自責也有著說不完的歉意，爸媽認為小芸生氣是理所當然，一切都是自己的過錯，因為給不起孩子，讓孩子失望了。

小芸從小在無憂無慮、有求必應、充滿愛的環境中長大，沒有學習被拒絕的機會，當然無法接受爸媽突然驟變的決定或改變，甚至開始怨恨爸媽。在這樣不對等的愛與教育方式累積下，已讓孩子慢慢演變成了不懂體諒也不知尊重與感恩的性格特質，因為多年來早已順其自然地認為並接受爸媽本來就應該給予這一切，甚至理所當然認為：「沒什麼不對，因為這是爸媽的責任。」

天有不測風雲，人生更不可能永遠事事順逐，難道，只要遇到不得已的難關時，父母就只能一再地道歉與安撫孩子嗎？孩子太習慣爸媽無條件的付出，接受所有一切也變得理所當然，而這樣不求回報且單方向的給予愛是永遠補不了平衡的缺角。

💙 怕孩子受傷，就更要讓孩子學習被拒絕的勇氣

　　孩子成長的過程像是賽跑，很快地跑到了終點又馬上要準備好開始下一段賽跑，速度之快常讓父母在忙碌中忽略了最不起眼也最該正視的生活教育，每天按照滿滿的行程過日子。因為爸媽總是希望孩子在未來能比自己更好更有出息，為了美好的將來，往往認為從小就要開始給予所有，在經濟上也一定要讓孩子無後顧之憂，即使再苦再累都由爸媽一肩扛下這甜美的負擔。

　　無怨無悔也無止盡的付出，其實真的好沈重。愛的付出，不一定要用很多的金錢才能讓孩子看得見也感受得到，孩子要學習對自己的人生負責而不是把成敗的責任全推給爸媽，而爸媽更不需要為此自責。孩子是最親密的家人可以彼此分享生活點滴，讓孩子了解也試著以實際情況去衡量，才會學習到如何取捨又要如何調整心態。對孩子的付出不一定越多就越好，孩子也要學習如何愛人與尊重他人。

　　不求回報的付出，最容易忽略重要的「尊重與體諒」，若是從小沒有從心教育、從小事練習，將來會凡事以自我為中心，漠視爸媽的用心更無法體諒他人，甚至毫無責任感。

　　愛是一種責任，不能只給愛卻不教孩子如何愛人，對孩子的養育固然很重要但教育更是重要，也是身為父母的我們不能卸下的責任。世上沒有哪一位父母親不愛自己的孩子，不過我們可以讓付出的愛變得更具有正向意義。

♥ 孩子的能力比我們想像的還要強大，只是爸媽不願相信也不敢放手

越是在意完美或是無法忍受髒亂性格的爸媽常會有同一種困擾，那個困擾就是：心裡承受不了孩子做不好或是弄得一團糟的不完美畫面與結局，就乾脆包辦孩子所有的大小事也全部做到好，孩子就只要茶來張口飯來伸手的等待被幫忙。這樣一來孩子舒服，爸媽也不會因為還要收拾殘局而感到無力。

孩子的人生不該由爸媽負責或操控，即使路再長也要慢慢穩穩地走每一步。不要幫孩子挑任何捷徑式的學習方法，孩子才能有完整的體會試誤與改正，也增進自我思考的能力進而培養孩子的責任感。

學習的過程對每個不同年齡層的孩子來說並不是爸媽所認為的那樣無趣，每一件爸媽認為好像理所當然、無趣又無味的事情其實在孩子的心裡都是充滿樂趣的探索。爸媽常說要培養孩子的責任感和學習動機而努力尋找相關專業課程，可是卻常常迷失在到底為了什麼而學習，不只爸媽心累也讓孩子找不到學習的目的。其實想讓孩子更有責任感、學習的動機更豐富真的不難，從最日常的生活裡就能找到答案。

♥ 爸媽請勇敢鬆開手讓孩子學習如何對自己負責，孩子可以擁有更多

孩子要有什麼責任感？！首先，孩子要能夠對自己負責也照顧好自己（依年齡發展）就是一種自我責任。年幼的孩子總是被認為處在最需要被照顧好的階段，等孩子大了就會有能力照顧自己。

其實這個階段的孩子雖是最需要被愛被呵護的時候，但也需要在這個階段讓孩子開始學習生活自理並成為習慣，因為這是孩子分內的事。

爸媽要從生活中的大小事中，慢慢引導孩子主動思考，認同孩子的努力、相信孩子有能力可以做好。收拾打理環境、收摺衣物、整理書包、清洗餐盒餐袋、擺好鞋子、摺被整床……這些不起眼的生活小事就是培養責任感最重要的事。爸媽如果一直擔心孩子做不好而幫忙代勞，那麼孩子永遠都不會知道那些都是自己該做的事。孩子不會在一夕之間就突然懂事，孩子長大若仍然還像是個寶寶，凡事都期待爸媽的主動幫忙，那該有多令人擔心啊！

「微微老師，孩子摺的衣服亂七八糟、餐具也洗得不乾不淨，書包更不用說了。我覺得這樣不行啦，反而更累！」很多家長在回家後，只難得地讓孩子嘗試一次就不敢再放手了。我想我能完全明白爸媽的辛苦，但世界上沒有任何一件事情是在剛開始學習的時候就簡單又有趣。孩子在第一次嘗試學習時一定會有這樣的狀況，因為第一次沒有經驗，搞砸弄得一團糟是常有的事，但沒有這些過程就不能稱為學習了。孩子如果未曾親身體驗過就不會了解每件不起眼的事都有很重要的小細節需要注意，未來也不會對自己用心。

「老師，妳的孩子一定是比較聰明，本來也就比較乖，所以才不讓人煩惱。」其實我的兒子和一般同齡的孩子一樣沒什麼特別不同的，他為什麼能做好自己分內的事不讓人擔心？請相信我，絕對不是他有過人的學習能力或天賦，而是我們一直都相信每個孩子都有能力，也放手讓他從很小的時候就開始練習照顧自己。

他和所有孩子一樣，在一開始的時候也是弄得一團糟，跟著後面收拾的我們怎麼可能不會累，偶爾也會有忍不住想要出手幫忙的時候。但是很快地，你會發現孩子並不會因此就輕易放棄反而使他更專注，每一次的挫敗好像都打不倒他，讓他更積極地去面對學習。即便是現在也會偶爾有不甚理想的結果，可是孩子已經能夠有邏輯地去思考原因並改善，嚐到錯誤經驗而立即修正的心態是成長中相當珍貴的經驗也讓身為爸媽的我們很感動。

♥ 親子合作讓孩子更願意嘗試新事物 也增進親子交流的溫度

爸媽不願意讓年幼的孩子嘗試自己動手完成，通常是因為顧慮太多，然而顧慮太多反而會越來越不敢放手。爸媽可以先從對孩子而言是較容易執行的項目且需要每天完成的去做。在一開始的時候可以與孩子共同合作（爸媽20%、孩子80%）的方式一起完成，爸媽在旁引導觀察先不主動介入，此時可以問問孩子需要爸媽幫忙嗎，當孩子需要幫忙時再主動介入幫忙。請記得即使孩子做不好也沒有關係，即使錯了也不要放棄任何試誤的機會，在不斷試誤與調整的反覆練習之下，孩子才會有積極前進的學習動機。不要怕一再重複又做不好，重複就是最棒的學習。

親子合作時，先將「父母」的角色與想法卸下就能用較客觀的立場去看待孩子的做法而不加以批判。孩子如果從未經歷過錯誤，怎麼會知道原來他的判斷是錯誤的，也不會了解後續可能會延伸出來的問題，又要如何學習應對呢？在無危險之虞的情況下，尊重孩子，就放手讓孩子做吧！爸媽可以適時地在過程中給予建議。孩子一定要學習自己面對挫敗、承擔後果，對自己的行為負責，才

能從經驗中學習與成長，這是培養責任感的黃金時期。

　　歲月一點一滴地流逝，爸媽真的無法時時刻刻陪伴在孩子身邊，甚至幫忙做任何決定。未來還有更多的未知等著孩子去探索，父母要學著不生氣、不控制並適時給予建議以良性溝通互動的方式，「放手」讓孩子從日常生活中做起，一定能看到孩子的成長與進步。

Chapter 4

親子溝通從傾聽
與對話開始，
用「同理」學習
互相尊重與理解

孩子新生入學會害怕，一直希望爸媽陪……

放手讓孩子獨立的最佳學習點
是在孩子最需要你的那個時候

故事一：

芯瑜（4歲／女孩）很開心自己長大了要準備入幼兒園上學，爸媽也幫芯瑜準備很多學用品，全部都是她最喜歡的粉紅色，芯瑜真的非常期待去上學。爸媽告訴芯瑜學校很好玩，有很多朋友也有很多玩具，還有很棒的老師會教小朋友很多東西。芯瑜聽到後又更加期待「上學」了。

幼兒園新生入學的第一天早上，芯瑜比爸媽還早起床，從房裡拿出了粉紅色系的學用品高興地等著出門上學。爸媽看到她期待的模樣也放心不少，心想著第一天上學應該不會有所謂的分離焦慮，還會玩得很開心吧。

在前往學校的路上，爸媽對芯瑜提醒著：「在學校要聽

老師的話，要和小朋友好好地一起玩不要吵架，吃飯要專心不要挑食。放學爸爸媽媽會去接妳回家，妳要乖乖喔。」芯瑜抱著書包甜甜地說：「好，爸爸媽媽會陪我放學回家。」

到了學校後，爸媽牽著芯瑜的手進校園，和老師聊了一下孩子在照護上需注意的狀況後，便準備和芯瑜說再見。老師將芯瑜牽至身邊並揮動她的小手向爸媽說再見，芯瑜原本開心的心情突然消失在那一瞬間，哇哇大哭了起來，驚恐與不安的情緒全部滿滿地寫在臉上。

「我們放學就會來接妳了，妳乖乖上學，不要哭，學校很好玩的。」爸媽怕芯瑜哭得更激烈，於是快步離開離開教室。

故事二：

晨宇（6.5歲／男孩）剛升上小一的每一天哭鬧著不要上學，每一天早上都和爸媽上演拖拉劇。

「你幾歲了，還像個三歲小孩哭著說不上學？你很羞羞臉啊！」爸爸感到相當無奈

「對啊！上學要開心啊，你看有那麼多小朋友可以一起玩，多好啊！」媽媽接著說。

「不好玩，不好玩，我不要上學，你們可以陪我嗎？」晨宇越說越傷心。

「都快一個月了，你怎麼還在哭著不上學呢？你很奇怪耶。」爸爸繼續忙著工作已顯得有些不耐煩。

故事中的爸媽一定覺得是……

孩子是不是都這樣？捨不得爸媽離開，於是要十八相送才會進學校，其實過一陣子就不哭了。要讓孩子更獨立就要堅決地放手，不是嗎？否則適應期越拉越長，這樣也讓我們沒辦法好好上班，哭就讓孩子哭吧！也沒什麼關係，反正在學校有老師會幫忙安撫，而且放學後也就回家了啊！

其實孩子只是……

我不想上學。學校和家裡不一樣，老師很兇，同學也不是我認識的，學校裡全部都是陌生人。為什麼要上課學東西？我想和爸爸媽媽在一起。我很怕很怕，每天上學都好緊張，上學讓我肚子好痛。我真的好害怕上學，爸媽可以陪我上學嗎？

我們可以陪著孩子一起學習，一起成長！

 ## 同理孩子的焦慮，別急著要孩子
立刻像個大人一樣去適應新環境

　　「讓孩子學習獨立，父母就要勇敢放手」是爸媽在送孩子入學前最常告訴自己的話，也會以此安慰自己充滿矛盾的內心。也許這句話帶給父母很多的力量去支撐心裡的不捨，所以對於孩子面對人生中首次要離開爸媽、離開家去上學的這件事，認為只是一個再正常不過的必經過程。孩子哭是正常的，哭一哭幾天就會好了。

　　孩子在身心尚未發展成熟前，面對陌生或不熟悉的事物與環境會感到焦慮是正常的心理表現。因為從孩子一出生就沒離開過爸媽或是主要照顧者，在學齡前和爸媽與主要照顧者是共同生活也互相依附的緊密關係。這段親密的依附關係在孩子成長發展中是很重要的關鍵，也是建立孩子安全與信任感的重要時期，即使孩子在入學前已能有基本的生活自理能力，也不能因此漸漸收回對孩子的關愛，甚至要孩子在此時馬上學會獨立。這個轉換的過程，孩子需要爸媽的支持與全心陪伴，才能夠有足夠的安全感與自信並放心地去闖。

　　孩子在獨立前也需要有足夠的心理準備才能對於嘗試有足夠的信心，這並不是哭個幾天就能輕易建立起來的內在力量。當孩子漸漸長大能夠了解自己與爸媽是完全不同的獨立個體時，雖然知道爸媽離開後會再次回到自己身邊不用擔心，但這樣的狀況都是在孩子從小到大很熟悉的環境中發生，孩子已有了過往的經驗所以不會

產生嚴重的焦慮，但要在短時間內適應全新的環境對孩子而言是有難度的。況且每個孩子的天生氣質與成長背景都不一樣，適應期的長短也不同，更需要爸媽給予體諒與包容。

♥ 袖手旁觀孩子的恐懼，影響孩子的不只是學習而已

在學校裡常常可以看見因為擔心孩子哭得更傷心就偷偷離開的爸媽，或是哄騙孩子馬上就回來，這在剛開始的時候孩子會信以為真，所以很耐心地等待爸媽的出現，但當過了約定的時間卻沒有看到爸媽的身影就會讓不安和恐懼的感覺加劇。不是因為孩子特別黏人或是愛哭，而是親子間的信任還未建立穩固前就因爸媽的逃避而崩塌了。

不同氣質與個性的孩子在校園生活的第一天，無論有沒有傷心哭泣都是需要時間適應新環境的，更不能以「沒有哭」作為是否適應良好的判定標準。有些孩子沒有哭泣的情緒，但卻因為分離焦慮而有傷害自己的行為，這些行為的背後都是需要爸媽加以關懷和適時協助的。

我曾經遇到孩子在新生剛入學的前幾天完全沒有哭泣的情況，看起來似乎是已經適應了上學，但是卻發現孩子會有不自覺地抓頭髮，連晚上睡覺都會因做惡夢而驚醒等情況。別認為那只是特殊案例，事實上並不少見，只是因為孩子反應出來的表現不同所以容易被爸媽忽略。

孩子從原本熟悉的家庭環境突然要轉到新的群體環境，有不認識的人、有沒見過的事物、有個性不相同的同學、有沒聽過的語言和未曾體驗過的團體生活，這所有全新的開始都是孩子自出生

以來面臨過最大的改變。當孩子還卡在如何適應與融入的混亂之中，正需要爸媽的心理支持而不是送進學校後立刻說BYE BYE的對待。孩子的恐懼總來自於最信任的爸媽親自送他／她進那個完全陌生的環境後又悄悄離去的失落感。陪著孩子渡過比想盡辦法縮短適應期，還能幫助孩子減緩焦慮也能增加自信心與學習興趣。

入學前幾年除了培養基本的生活自理能力之外，也要讓孩子從日常生活去體驗不同的學習經驗。愛孩子不能只有保護而不讓孩子試著嘗試，從日常生活中累積的感受與經驗是成長中最重要的養分，千萬不要讓孩子進了學校才開始被動地學習這些感受。

減緩分離焦慮請先建立好信任與安全感

▶ 帶著孩子參觀學校，問問孩子的想法並共同討論

爸媽在挑選學校時總是略過孩子的意見就直接決定。雖然學費與接送問題並不是孩子能夠勝任的責任，但孩子也有權利參與討論，爸媽也能用孩子可以理解的方式分析說明給孩子聽，讓孩子在參與的過程中主動思考也慢慢地做好即將上學的心理準備，而且孩子能完全感受爸媽對自己的尊重，而不是擔心害怕被爸媽偷偷地送進陌生的星球。

▶ 保持客觀並尊重孩子的想法，但不表示全部由孩子決定，因為孩子還無法勝任

和孩子的對話盡量避免強力推銷的口吻要孩子立刻接受，也不要一昧地誇讚或批評學校。可以告訴孩子：「芯瑜，今天參觀的這間學校有體能活動室，還有妳最喜歡的舞蹈與體能課，我覺得很

不錯，我想妳一定也會喜歡，但是廁所的位置有一點點遠，要稍微走一下。這間離我的公司也比較近，走過來大約十分鐘不會讓妳等太久，這間我們可以參考一下喔！」

在幼兒園時曾遇到一位媽媽帶著兒子來參觀學校，媽媽一直和孩子說上學有多麼地美好、學校有多棒的誇讚，試圖要說服孩子「喜歡」上學。但是要讓孩子喜歡並不是用強迫的方式，所以孩子根本聽不進去就直接拒絕，連校門口都不願意進來。

我對孩子說：「我不知道你會不會喜歡學校，但是很歡迎你進來參觀和了解，如果你不好意思可以請媽媽陪你進來喔。」孩子沒有再拒絕了，也願意和媽媽一起進來參觀。我向孩子介紹學校環境時，只說明介紹孩子看得到的讓孩子思考與感受，一直強調那些孩子看不到也不懂的教學教具或是教學系統只會讓孩子覺得遙遠更提不起任何興趣。

▶ 爸媽要先比孩子做好心理準備並給予溫和正向的支持

有時候也會遇到爸媽對於孩子即將入學的事尚未做好心理準備，所以當孩子因為分離焦慮而難過時，爸媽會比孩子更加難過而對孩子說：「好好好，我知道你很傷心，看你哭成這樣我真的好難過好心疼，我也要哭了，寶貝你要加油喔！我們再抱一下！」（最後抱在一起傷心哭泣，誰也離不開誰。）想讓孩子了解爸媽和孩子一樣地難受，是希望讓孩子也感受到爸媽也在同一陣線上支持鼓勵著，但這樣跟著孩子一起淪陷在焦慮風暴中，只會讓孩子對於上學這件事更加害怕也不知所措。爸媽一定要學習同理孩子的焦慮並給予正向溫柔肯定的心理支持，讓孩子的內在更有力量。

上學的第一天會有因分離焦慮產生的情緒都是孩子正常的反應，請不要在孩子最需要你的時候落井下石或是責備孩子，這對於減緩分離焦慮的緊繃情緒一點幫助也沒有。有些孩子在太過恐懼而抗拒時會做出防衛的動作，例如：揮打和腳踢。爸媽需要同理孩子的情緒，但會造成傷害的行為則必須用理性溫和的方式教導孩子並告知其嚴重性讓孩子了解。

▶ 打勾勾，我們說好囉！爸媽請不要失約了

如果爸媽或接送者的時間允許，可以在幼兒園入學的剛開始從半天開始慢慢地適應學校的生活，和孩子事先約定好來接的時間。由於孩子尚未有時間觀念，可以明確地告訴孩子在做完什麼活動後，爸媽就會到學校了，讓孩子在等待爸媽來接的這段時間也能期待學校安排的每一項活動並感受樂趣，分散注意力減緩焦慮的情緒。

在這裡比較不會建議用時鐘上的時針和分針走幾圈或是指到哪個數字來和孩子做約定，因為那會讓孩子只專注在牆上的時鐘等待無法放鬆心情。當孩子只專注於時鐘滴滴答答慢慢走完每一個刻度，就會覺得有如度日如年般非常難熬，這也更加重了焦慮與不安感。

陪孩子進學校後，可以有一個「待會見（See you soon）」的儀式，例如抱一下、親一下或是擊掌再見；要離開時也不要因為害怕面對孩子哭泣而躲藏起來再偷偷摸摸地溜走。每個孩子的感受與敏感度不會相同，爸媽可以和老師溝通是否能讓孩子帶著能增加安全感與陪伴的熟悉物品，像是玩偶、家人照片等。這些陪伴物是孩子適應新學習生活的重要好朋友，當孩子能開始適應學校生活時

也表示情緒得到了正向的回饋。

傾聽孩子，了解不想上學的真正原因

　　每個爸媽都經歷過求學階段，一定也能懂有時不想上學的心情，因為學習並不像吃飯睡覺那麼容易。學習總是在剛開始的時候最艱難也是最想放棄的階段，孩子也會想抱怨也會有想逃避或好好休息的時候就像我們大人一樣。這些我們不也是一直經歷著嗎？既然如此又何必要強迫孩子隨時都要正面又積極去面對，偶爾也要讓負能量釋出，才能讓身心靈都健康也不失衡。

　　人都有生理和心理的需求，孩子當然也有。請爸媽尊重孩子的內心想法並給予適當且良好的回應，幫助孩子主動思考、主動尋找資源，鼓勵孩子試著一步一步地去因應所面對的問題，即使需要好幾次的挫折也沒關係。因為在每一次的挫敗中總會有新的感受，而原本所謂的那些困擾，很快地就不會再是困擾了，因為爸媽願意正視孩子的難處，也願意陪伴孩子一起渡過。

2

「他都不跟我玩！」如何引導孩子學習人際這堂課？

別妖魔化了孩子的玻璃心，那是孩子獨特細膩的感受與晶瑩剔透的洞悉能力

故事是這樣開始的……

娜娜（4歲／女孩）走到廚房突然要媽媽給她一個擁抱，媽媽正在煮飯所以請娜娜稍等，娜娜站在流理台旁等媽媽忙完，想要幫忙些什麼卻被媽媽請了出來，娜娜離開廚房後一個人在客廳玩。

「娜娜，妳剛才要跟媽媽說些什麼嗎？怎麼突然要抱抱了呢？」

「媽媽，我想要抱抱。」娜娜躲進了媽媽的懷裡。

「怎麼了呀？在學校有不開心的事情嗎？娜娜小寶貝。」媽媽輕輕摸著她的頭。

「小朋友都不跟我玩！」娜娜嘟著嘴說。

「哎呀，我以為是什麼大不了的事，害我嚇了一跳，原來只是小朋友不跟妳玩。」媽媽忍不住笑了出來。

「媽媽，這一點也不好笑，我不開心！」

「好好好，對不起！媽媽不是在笑妳，是覺得妳真的很可愛。小朋友為什麼不跟妳玩？妳可以問啊！」

隔天娜娜放學回家仍然看不見笑臉，在媽媽的詢問下得知小朋友還是不跟她玩。爸媽為了不讓娜娜在意於是用轉移注意力的方式，帶娜娜去逛夜市玩遊戲，希望能讓她別把專注力放在小事上。娜娜晚上真的玩得很開心。

第三天早上娜娜說不想去上學。爸媽知道娜娜又在鬧情緒了，於是連哄帶騙地帶她出門上學。連續好幾天早上都無精打采地表示不想去上學，和以往愛上學的娜娜簡直是判若兩人。爸媽向學校老師詢問了娜娜最近在校和同學相處的情況。「我看娜娜每節下課也都和小朋友們玩得很開心，並不覺得哪裡有異狀，不過會再多觀察娜娜的情況。」老師這樣回覆爸媽，也請爸媽不要擔心。

雖然老師看到娜娜玩得很開心，但是娜娜仍然表示小朋友不跟她玩而不想去上學。這樣的情形持續了好幾週，爸媽為了應付娜娜早上要不要上學的事已快磨光了耐性。這一天

早上娜娜還是吵著不想去學校時，爸媽終於忍不住這一陣子所累積的壓力而對娜娜生氣了。

「小朋友不跟妳玩，那妳也不要跟他們玩啊！幹嘛一定要跟他們玩，可以去找別的小朋友玩啊！而且老師也說妳每節下課都和小朋友們玩在一起也很開心啊，不是嗎？」

「不要再任性了，快點準備出門，我們要遲到了！」爸媽並沒有多加理會娜娜的失落且催促著。

「爸爸媽媽，那可以買餅乾讓我帶去學校請小朋友吃嗎？這樣小朋友就會跟我玩！」娜娜噙著淚說。

故事中的爸媽一定覺得是……

老師已經說了孩子們都玩在一起其實都玩得很開心，不知道娜娜鬧什麼情緒，一直說不想去上學。明明都有小朋友和她玩，她卻說都沒有人跟她玩，這到底是怎麼一回事呢？小女生是不是都比較敏感也想太多了呢？

其實孩子只是……

小朋友真的不跟我玩！我沒有騙爸爸媽媽，是真的！為什麼都不相信我？在學校，有時候我向老師說明情況時，老師只有對我說：「大家都是好朋友！不要一直告狀。」可能是因為老師都在忙，所以沒有人可以聽我說。

我們可以陪著孩子一起學習，一起成長！

專注傾聽，孩子更能感受被愛、被肯定

文中的娜娜因為小朋友不跟她玩而不想去學校，這樣的事看在大人眼裡都不算是什麼很嚴重的事並不會認真地放在心上，但這點點滴滴的小事卻是孩子內心裡偌大的心事。是的，孩子也會有心事，只是大人們不認為那足以影響孩子的生活。

這個故事是娜娜的爸媽在一次家長成長課後與我分享的。當時爸媽覺得娜娜過分在意誰不跟誰玩，也太過玻璃心了，所以一直要娜娜不要在意，但娜娜卻非常執著，很傷腦筋。媽媽問我：「孩子太玻璃心怎麼辦，老師有沒有什麼方法可以讓她不要這麼玻璃心？我和爸爸真的很擔心她長大以後會顧人怨。」

「我想娜娜感受不到被關懷、被信任，她很需要爸媽的同理與陪伴。」當我跟媽媽這樣說的時候，媽媽馬上點頭說：「有啊！有啊！我們就是同理她才會想要改掉她玻璃心的這個部分。」

每一個人從小到大一定都有脆弱的時刻，即使再堅強的人也都會有，只是長大了學會不輕易表現出來。有時候甚至只是一句無心的話都能讓「心」疼了好久，還不見得可以真正地釋懷。現在越來越多玻璃心做成的玻璃人，一不小心就碰碎了讓人不太敢靠近。

大家對於「玻璃心」的解讀都是比較負面甚至是有點難以接受的。我遇過很多孩子不論男孩女孩都有這樣的特質，但是我並不覺得這樣的特質不好，相反地他／她們的感受與洞悉能力更加細微敏銳。

孩子如何將這獨特的感受力轉化成一種正向的助力而不是默默放在心裡纏繞著自己呢？除了與生俱來的氣質不同，後天的成長歷程（家庭、環境、霸凌）與家庭教育都是影響孩子最大的關鍵。爸媽和師長如果能夠以正向的態度看待孩子的心事，讓孩子完整感受到被愛、被肯定，不再是被不以為意地用力推開或責備，那麼孩子就不會失去自信和歸屬感，也不會讓自己困在永遠被否定的牢裡，總是在意也想討好著來來往往的人們，一點點的風聲就掀起驚濤巨浪，無法忍受挫折情緒低落。

　　本是想讓孩子更堅強地面對於是強迫孩子不去正視，結果過猶不及反倒造成了反效果讓孩子更往地裡鑽。不論是什麼樣的原因都可能造成孩子格外敏感與自卑，陪孩子理出事情的原貌，同理並正面客觀地給予意見也反思自己，才能夠讓孩子獲得身心靈的正向成長、社交技巧、適應環境的能力。爸媽應該好好地專注傾聽孩子別再視而不見孩子的心。

幫助孩子找出自我價值肯定自我，不用討好的方式去換取

　　爸媽總擔心孩子不被團體接納，於是期望孩子擁有不錯的社交能力，但是社交能力要好必須要先能適應與團體之間的互動。人與人之間少不了溝通與互動，溝通是人際關係裡很重要的環節，不僅大人需要學習如何有效溝通，孩子們更是需要不斷地練習。訓練孩子的社交技巧絕對不是要讓孩子成為團體中的領袖或是比別人強勢，而是讓孩子在與同儕的互動中不斷地練習，才能增加適應社會團體環境、學會溝通表達、互相尊重的能力。

有時候爸媽聽到孩子說了些在校的狀況，覺得孩子被欺負而忍不住插手，卻忘了先弄清楚事件經過，例如：到學校去直接詢問或警告小小當事人、讓孩子帶「好一點也特別」的玩具或學用品去交朋友……。「介入與干涉」並不是第一優先的做法。長期介入會讓孩子態度消極、習慣依賴、逃避面對，最後演變成爸媽不停地善後。那些令人擔憂的問題不但沒有被解決，反而讓問題反過來勒索。

表面的安撫與鼓勵，孩子其實感受得到爸媽的冷漠。請先好好傾聽過去爸媽總是選擇聽不見的聲音，讓孩子的心更堅強，不需轉移孩子注意力或不斷要求孩子做到「不要在意」的程度，這是忽略、放棄自我最快速的方式。

心思細膩敏感的孩子因為顧慮太多很難說出真正的感受，總是為了別人而做自己，不快樂也不知所措。如何幫孩子練習設立肯定自我的安全界線呢？我們和孩子可以先從「說出感受」開始慢慢練習。爸媽在旁陪伴引導孩子用覺察的方式一起練習，孩子可以藉此認識自己提高自我價值，爸媽也能理解孩子一直以來跨不過去的難處是什麼。

良好的社交技巧並不是要孩子去改變或控制他人，而是要讓孩子學會照顧、保護自己與尊重他人。任何事與感情都要在「善」裡保持一些愛的彈性距離或空間，為自己與他人間設立安全的界線，重新思考每件事情的本質，釋放真正的自我並找到自我價值。

當孩子遇到挫折時，別在傷口上撒鹽了！

孩子最需要的是爸媽的
關懷與協助而不是冷嘲熱諷

故事是這樣開始的……

故事一：

小蔚（5歲／男孩）踮起腳尖想要把杯子掛回杯子的收納盒裡，卻不小心跌倒也把杯子摔破了。爸爸聽到摔碎的聲音立刻從書房裡走出來，看到杯子的碎片灑滿地於是很生氣地責罵小蔚：「看吧！看吧！我是不是跟你說過了，不要玩杯子，不聽嘛！打破了，你也不會清理，還不是要我清。」

「我只是想把杯子放回去而已！」小蔚想解釋自己不是在玩。

「你放杯子幹嘛？我就知道只要沒有一直盯著你，你就一定會闖禍！」媽媽氣呼呼地叨唸小蔚。

「你就是活該啦！就跟你講過了，去罰站好好反省一下，怎麼講都講不聽啊！」爸爸沒好口氣地說。

故事二：

朵多（3歲／女孩）因為睡不著，一直吵著媽媽要繼續陪她、講故事給她聽，可是媽媽想到還有許多未完成的家事推在那裡沒消化，就急著想要快點哄朵多睡著。

「媽媽，我不知道為什麼睡不著，該怎麼辦？可以教我快點睡著嗎？我怕我明天起不來。」朵多抱著媽媽的手臂。

「眼睛閉起來，不要再說話，就可以睡著了啦！」媽媽有那麼一點點不耐煩。

「妳看，妳的眼睛都紅了還不睡。再不睡虎姑婆等一下，就來把妳抓走。虎姑婆最喜歡不睡覺、眼睛紅紅的小女孩。」

「啊～我不要！媽媽妳不要講，我會怕！」朵多已經嚇到哭了。

「那妳還不快睡。等一下虎姑婆把妳抓走煮來吃，我可救不了妳喔！」

「哇嗚（哭）～我不要虎姑婆，我不要！我已經眼睛閉起來了！」眼淚還是從朵多閉得緊緊的眼睛裡流出來。

故事三：

「媽媽，我今天數學錯的只有時鐘的部分，其它的都寫對哦。你看！」柏恩（6歲／男孩）很開心地向媽媽展示今天的數學考卷。

「你看吧，又來了！我就跟你說過這個題型一定會考，你就不想多練習！結果真的考出來了。你如果真的有聽媽媽的話，今天的數學不就拿滿分了嗎？你看，這樣和分數擦肩而過不是很嘔嗎？你看看你！」媽媽用手指推了柏恩一下。

柏恩放下原本舉高想給媽媽看的考卷，沮喪地離開廚房。

故事中的爸媽一定覺得是……

　　一直講一直講，講到我都累了，還是講不聽。明明知道會出錯的事總是那麼不小心，到底是怎麼了？是不是太鬆散了，才會沒辦法專注做好每件事呢？怎麼好像每一次孩子總是有說不完的理由，聽久了實在生氣也令人心情好不起來。

其實孩子只是……

　　就只知道罵罵罵，每一次我說什麼都聽不進去，我真的不是愛玩也不是不聽爸媽的話，我只是想要給爸媽看看我也可以做好而已。雖然最後我做的結果是不好的，但我並不是因為爸媽說的那樣才弄砸的。

我們可以陪著孩子一起學習，一起成長！

♥ 乖乖聽大人的話，不一定能夠繞過冤枉路

爸媽往往把自己的觀點或想法套在孩子身上，認為孩子就應該聽從爸媽的話。有時候甚至因為孩子的違抗而產生憤怒的情緒，這在無形中已對孩子造成一種負面情緒施壓，也破壞了親子關係。

為什麼爸媽要告訴孩子怎麼做呢？因為那是爸媽從小的經驗累積成就了現在。爸媽現在能侃侃而談的童年，真的每一次都是順利無挫敗也不需要在失敗中學習經驗的嗎？難道以過來人的身分訓斥著「我吃過的鹽比你吃過的飯還多」「我走過的橋比你走過的路還長」就能讓孩子少走冤枉路嗎？

小時候大人們常對我們說：「要做個乖孩子喔！」幾十年後我們也長大有了自己的孩子，似乎也還是對孩子說同樣的話「要做個乖孩子喔！」我們是否該思考和反省一下「要做個乖孩子」的教養目標是什麼？是否只要是爸媽認為不乖、不聽話的行為就無法被允許嗎？

爸媽對孩子的期望和教養目標都一樣，總是希望能陪伴孩子一起長大，做個能幫助孩子了解自己，讓心自由也能無所畏懼地去闖闖這個世界。那麼，一直要孩子乖乖聽話、指使孩子用什麼方式又該走什麼方向的觀念，不就早已和孩子形成二條平行線，也和原來對孩子的期許與爸媽的教養目標背道而馳了嗎？這樣無益於孩子反而讓親子關係逐漸走向對立。

♥ 短短脫口而出的一句話，卻深深地影響孩子一輩子

　　沒有人是完美無缺不會犯錯的，總是會有做錯事或是評估錯誤的時刻，正在學習探索階段的孩子也是。當孩子遇到挫折時也會和大人一樣感到無助，並不是孩子不聽話。這令人感到無助的時刻是最需要爸媽陪伴的時候，但為什麼偏偏在這個最需要安慰的時刻，得到的卻是爸媽的忽視與數落呢？

　　同理很重要！不論是成人或孩童都渴望被同理被理解。在孩子被辱罵的當下，腦中的記憶體會優先處理這段因為被辱罵而產生的羞愧情緒，根本沒有多餘的時間再去思考犯錯的當下，而且還會把羞愧的情緒和事件做緊密連結。日後只要再度遇到相同的事件，大腦就會用最快的速度，立刻調出之前印象深刻又難以忘懷的事件來提醒孩子「重大事件再次來襲，請迴避」，孩子自然地會因此逃避或抗拒曾讓自己受過傷的事件來保護自己。並非孩子想偷懶或是沒有上進心，而是──這是人類最自然的自我防禦能力。

　　爸媽對孩子責罵用意一定是好的，目的也是希望孩子不要受傷，凡事也都能有好的結果，是一種對孩子的心疼。只是孩子不明白也感受不到爸媽的心意，這一來一往的誤解拉遠了親子間的距離。

　　當孩子遭遇到困難挫折時，爸媽一定感受得到孩子所傳達的訊息，這個訊息正是邀請爸媽再靠近一點、再多關心一下，想獲得爸媽的支持與鼓勵。即使孩子犯了錯也會希望爸媽可以給予堅定正向有效的更正，而不是被誤解被辱罵。爸媽何不站在孩子的角度去看看孩子眼中的我們是什麼模樣？大人也會有犯錯的時候，孩子為何不行？好多事情是因為我們有了過往的經驗，所以能明確地告訴

孩子「不行」、「不可以」，不過卻沒有仔細想過，為何孩子堅持這麼做，是因為他們無法預知其後果，只是很單純地想認真去實行自己的想法，也期待自己能夠達到爸媽心目中的100分。

也該還可憐的虎姑婆和大野狼清白了，恐嚇只會讓孩子更退縮也封閉自我

聽在大人們耳裡的這些不失淘氣逗弄孩子的話，在孩子的心裡是會留下可怕永久的陰影。好像每個爸媽都覺得把這些不是真實存在人物全搬出加上恐怖的修飾，就是對付孩子不聽話最好用的教養工具。

用語言拐個彎來傷害孩子，雖然沒有辱罵，但是殺傷力一樣強大。用未發生過的事來恐嚇孩子會讓孩子無時無刻都感到恐懼，常常感受到即將面臨世界末日的緊繃與恐慌無助。

給孩子有決定的自主權，讓孩子主動思考每件事的前因後果後再去執行，錯了其實更能在錯誤中學習，反而有益於孩子的學習與成長。爸媽要能夠認同一件事，就是孩子願意靠自己獨立去完成一件事就是值得鼓勵的事。即使過程有錯也不要任意批評或動不動就在孩子面前抓狂，就事論事不帶情緒的方式能讓孩子主動修正自己的錯誤與應改進的地方。鼓勵永遠比挑剔更容易讓孩子有積極學習的動力。

人本來就不完美，別在傳統教養裡自我矛盾而不小心傷害了孩子

我們常常不願相信孩子需要協助，一味地認為孩子只是不夠

努力或是不聽爸媽的建議才導致有不好的結果。當孩子做不到或做不好時，最不需要的就是辱罵與言語攻擊。此時爸媽應該重新思考並調整心態，別再拿自己的慾望逼迫孩子務必達成。

　　別急著要塞給孩子好多能力。依照每個孩子不同的發展程度，去發現去了解孩子的需求是什麼，用心同理孩子所遇到的困難，並適時給予孩子協助與關懷，才是真正為孩子著想。陪著孩子一起探索所有可能，一起錯一起學習就能勇敢面對困難，才有機會感受成長路上的美好。

4

孩子，我罵你管你都是為你好，以後你就會懂！

望子成龍的期望，
來自於父母內心的恐懼不安和遺憾

故事是這樣開始的……

晨菲（11歲／女孩）的爸媽因為工作的關係無法在學校的放學時間準時接晨菲下課，於是請爺爺奶奶幫忙接送晨菲回家。這段由爺爺奶奶照顧的日子裡，爺爺奶奶不只陪伴還會督促晨菲的課業，一直到爸媽下班回家。

晨菲是個貼心的孩子，回到家後會自行完成功課讓爺爺奶奶檢查並簽名，爺爺奶奶也心疼孫女課業繁重，常會在完成功課後帶晨菲出去走走，好好抒發學習的壓力。有幾次晨菲帶回的試卷裡，有幾張成績和以往相比有明顯退步的跡象，爺爺問晨菲是否有不了解的地方需要幫忙，晨菲只是笑著搖搖頭告訴爺爺：「沒有，後來都弄懂了。」

很快地即將要期中考，晨菲第一次在爺爺奶奶的照顧陪伴下，不用複習到很晚就能上床睡覺迎接隔天的考試。不過

這次期中考的成績卻讓爸媽非常擔心，因為每科平均成績都掉了5～6分，連排名也落後。爸媽像熱鍋上的螞蟻急著要了解晨菲的學習狀況，甚至覺得爺爺奶奶有點管（寵）得太鬆，才讓晨菲鬆懈。但爺爺奶奶一直覺得晨菲的爸媽太大驚小怪也不能理解，於是意見不合的四個人就這樣吵了起來。

最後爸媽決定為晨菲找家教來協助晨菲課業上的問題。一來不用麻煩爺爺奶奶大老遠地接送，二來爸媽的工作也不用因接送問題而有所延誤，不過卻引起晨菲很大的反彈與抱怨。

「我不想上家教課，這樣我就不能休息了。我喜歡爺爺奶奶陪我的時候。」

「當然要上啊！妳看看妳的成績都退步了，不加強怎麼行？」

「可是，我還要練鋼琴、補英文，難道你們忘記了嗎？」

「就是知道，所以才要額外加強啊！喂，晨菲，妳最好注意妳說話的態度！」

「你們知道我很累嗎，幹嘛還要這樣害我？你們都不尊重我，爺爺奶奶都不會這樣對我。」

「于晨菲，我們都是為妳好，妳知道嗎？那個黃阿姨的

女兒，人家她都已經補習一年了，也從20幾名進步到前10名，妳還在原地踏步。妳以為我們愛罵愛管嗎？妳當我們吃飽太閒嗎？先苦後甘，以後妳就知道父母的苦心還會感謝我。爺爺奶奶疼孫所以沒督促妳，但妳自己也要有分寸，該做什麼就要自己自動自發，還要人家擔心嗎？」

「隨便啦！」晨菲很不甘願地進了房間。

故事中的爸媽一定覺得是……

孩子的學習一定要從小開始，因為孩子的學習吸收能力是最好的，才不會在長大的時候學什麼都好困難，像我們現在這樣。這條成長的路我們走過，所以我們比誰都清楚。現在是學習的最佳黃金期，如果現在就鬆懈怠惰學業，將來怎麼可能出人頭地呢？放輕鬆的下場是什麼？退步的成績擺在眼前就是最好的證明。所以，別再說我們管很多，不管行嗎？

其實孩子只是……

爸媽很愛拿別人來逼我，好像我就是很差很爛。對啦！我就是很差，反正我說什麼你們也沒有在聽，也沒有考慮到我的感受。總是聽你們說現在工作很辛苦，就是因為小時候不好好地在學業上努力，所以不希望我也像你們這樣。可是我不懂，工作為什麼要找輕鬆的才是好呢？我好想念爺爺奶奶照顧我的那段日子。

我們可以陪著孩子一起學習，一起成長！

♥ 到底是「為你好」還是「為我好」？

「為什麼你們總要逼迫我做你們內心期望的事，而我完全不能選擇？」「一切還不都是為你好？」父母常這樣語重心長地告訴孩子。

「可是，為什麼爸媽說的『好』，我感受不到，反而覺得喘不過氣？爸媽你們知道嗎？我可以用我自己的方式對我自己好，更可以用我自己的方式讓你們知道原來這樣會更好。」這些不太陌生的話都是孩子心裡最真實的感受。雖然只有幾句話卻道盡了做子女的辛酸。

明明很想吃蛋糕的人：

「不知道蛋糕好不好吃？」

「不知道放在桌上的蛋糕到底好不好吃？」

「好想知道在桌上的那塊蛋糕吃起來究竟是怎麼樣的口感？」

當想吃蛋糕的人說出這些話時，重點其實不在於蛋糕好不好吃，而是希望某人幫我拿起那一塊蛋糕、希望某人能夠幫我消弭那些心中的疑慮、希望某人能夠為自己做些什麼，而自己或許可以依賴著這個他人願意主動付出的那份心來完成自己心裡的那個缺憾。

比起直接了當地說「為我」，有可能會被拒絕，還不如用比較柔性的方式去影響或勸服別人能夠無條件地幫忙我。這個拐彎抹角不直接的請求的確比直接了當還要更讓人容易付出與給予。

　　小心地呵護孩子的生活、安排好孩子的一切，處處為孩子的一進一退做打算，愛孩子也為了孩子好的那份期待，就容易讓愛變成枷鎖緊緊地套在孩子身上。而當孩子提出疑問或是反對時，爸媽就無法認同自己捧在手心上的孩子會這樣背叛，也因此不斷地否認對孩子有所控制，更試圖找出很多以愛為名的理由來將控制合理化成愛。只是父母往往不敢面對或是直接承認自己的確也有慾望的心。

愛，不應該是自己付出後卻要求期待回報

　　爸媽或多或少都會希望孩子的未來要比自己更好，那是一種無私的愛也是一種期待。不過在這樣不對等的期待之下，爸媽會將自己過往所缺乏的那個部分放大，再將其投射在自己孩子的身上，心裡總是憂慮著，孩子如果不照著爸媽用心排除所有障礙後的規劃去做，很有可能在未來就會步上爸媽悲慘的過去。

　　這是父母內心的遺憾，因為承受過這個痛苦，所以不忍心讓孩子再受一次一模一樣的罪，而這樣的惡性循環就演變成了可怕的操控。這些控制感源自於父母內心的恐懼不安和未完成的遺憾，想要把這些失去的人生彌補回來，於是把不對等的希望放在孩子身上。

　　那是一種投射，將從前未完成與不滿足的自己投射在孩子身上，在不知不覺中讓愛的教養變成了一種可以操控的方式。爸媽被過往的遺憾包裹並困在自己不滿足的軀殼裡，越想活出屬於真正的自己就越想掌控最愛的人，總覺得未完成的夢想一定得由某個屬於自己的那個人來幫忙完成。表面上是為了孩子好，其實是自己一直

以來的缺憾未被撫平而慾望也未曾停止過,所以當有了孩子後就把原本已是奄奄一息的希望重新點燃。

♥ 和自己好好地和解,
才能更勇敢地去愛孩子也接納孩子真正的樣子

　　望子成龍、望女成鳳已不再是最完美的教養指標,對孩子的期許不該是訂下一堆孩子做不到的目標又強迫孩子不得不往前。在不斷剝奪雙方要用愛來回饋的教養模式裡,一定會讓親子雙方付出相當痛苦的代價,失去的比得到的更多。

　　什麼時候我們能夠好好地面對真實的自己並學著接納自己?了解自己外在與內在的需求和聲音是什麼,也許就能放下那些一直縈繞於心的不安和恐懼。當爸媽能夠找出並清楚劃分心中那些屬於自己和不屬於自己的部分並加以同理,那麼以前爸媽所認為的失落、困惑與不安就不會成為父母與孩子之間的遺憾。

　　仔細回想過往那些曾讓你覺得遺憾或不足的事,不要否認失望與內心的脆弱,試著去理解和接納當時的自己,和過去那些牽絆著你的挫折慢慢和解,才能重新獲得自己總是放不下的諒解。受傷確實讓人難受,但必須承認的是,帶著未癒合的傷繼續前進只會讓親子關係更為難,再深刻的愛也都變成了傷。

　　親愛的爸媽們,愛孩子之前一定要先照顧好自己的心,了解自己的內在需求才能夠讓孩子放心勇敢地帶著父母的愛,安心自由地往前飛。對孩子的愛並不是越滿越好也不是過度操控孩子的人生來完成自己的夢想,別忘了超出雙方能力所及的付出,是失控的親子關係,不論是哪一種情感和愛,親子雙方都要學習理解、同理彼

此，那麼親子關係才會更緊密而不是越來越遠看不見彼此。

父母是人生故事裡的前輩，引導孩子如何勇敢前進時，別忘了尊重、接納孩子的想法。當孩子說出「我決定要⋯⋯」是一種肯定自我的表達，並不是叛逆也不是無可救藥，更不是什麼扶不起的阿斗。教育無法靠倚老賣老的姿態一直支撐到將來。

帶著有溫度的力量與孩子一起細細討論每個不確定的細節，往往會延伸出更多的驚喜、解決與因應之道，試著多讓孩子學習嘗試與適應，孩子才有能力在迷惘中找出屬於自己的方向。別讓孩子在燃起學習動機前就已先學會了放棄。

5

讓孩子「做自己」之前，請先學會自律！

滿足孩子所有願望
並不會讓孩子的未來幸福，
能為自己負責才是真正的做自己。

故事是這樣開始的……

　　媽媽帶著靜希與靜恩（11歲／女孩／雙胞胎）來醫院檢查視力，因為候診人數較多兩姐妹等得有點不耐煩，一直吵著媽媽要離開。媽媽輕聲細語地安撫她們，要二人注意在醫院裡不要大聲喧嘩並拿出平板電腦讓二姐妹玩，希望她們能夠乖乖地坐好等待。

　　「因為媽媽只有帶一台平板電腦，所以妳們二個要輪流玩，知道嗎？」媽媽溫柔地提醒二姐妹。

　　「我要先玩，因為剛剛在家都是妳在玩，我都沒有玩到。」靜恩從媽媽手中拿走平板。

「為什麼是妳先玩？我剛在家也沒有玩很久啊！不行！這樣不公平。」靜希很不平衡妹妹說要先玩。

「不可以這樣搶平板啊！來，妳們二個來猜拳決定，贏的先玩15分鐘。」媽媽把平板舉高，要二人先猜拳決定誰可以先玩。

「剪刀、石頭、布，我是布！我贏了，我可以先玩。」靜希很興奮地拿走平板並對靜恩做了一個鬼臉。

雖然是靜希在玩平板，但靜恩也靠在靜希的肩上看著平板裡的遊戲，跟著靜希一起出意見要完成闖關。15分鐘很快就到了，靜恩準備要拿走靜希手裡的平板時，靜希生氣說：「等一下，我這關還沒過完，再等我一下啦！」

「不要，妳已經超過時間了，給我。媽媽妳看啦！」靜恩也很生氣要媽媽主持公道。

「靜希，我們已經約定好時間，要讓給妹妹玩喔！」

「我就說等一下嘛！等我這一關過完就好了，又不是不會給她玩。」

「靜希，妳不可以這樣說話不算話，快點讓給妹妹。」

「再等一下啦！」靜希還是不肯把平板讓給妹妹。

「媽媽，妳看姐姐每次都這樣，很討厭！」靜恩生氣地

拉著靜希的衣服。

「靜希，那我再讓妳玩5分鐘，就要給妹妹玩，知道嗎？否則我就會把平板收起來，誰都不可以再玩了。要懂得互相尊重喔！」媽媽雖然無奈但仍然很溫柔地對靜希勸說，同時也安撫著靜恩。

「好啦！很煩耶！」靜希斜眼看了靜恩一下。

5分鐘過後，靜希終於把平板讓給了妹妹但仍然心不甘情不願的。

「媽媽，剛才姐姐多玩了5分鐘，所以我可以玩20分鐘喔！」靜恩開心地把平板放在腳上準備玩平板遊戲。

靜恩玩不到20分鐘就輪到二姐妹看診了，靜恩不得不把平板收起交給媽媽也提醒媽媽看診完要讓她玩。完成檢查後靜恩向媽媽提醒要玩平板並打開媽媽的包包。

「靜恩，我們回家再玩，因為現在還要去批價和領藥，回家我還要準備晚餐，而且妳們二個人的功課也還沒有寫完，這樣好不好？」媽媽背起二姐妹的書包和自己的背包準備要離開。

「可是，回家要等很久才能玩，我不要，我不要，我要現在玩啦！」

「靜恩，現在真的不行，妳不要生氣，不然回家寫完功

課後，我讓妳玩一個小時，好不好？」

「好！太棒了，我可以玩一個小時！」靜恩開心地向姐姐炫耀。

「為什麼靜恩回家可以玩一個小時，我也要！為什麼媽媽又突然改變玩的時間，這樣對我不公平，我要自己做決定，我要做自己，不要被你們管來管去！」靜希委屈地在醫院大廳大叫大哭。

「好好好，妳先不要生氣，好不好？這裡是醫院不可以吵鬧。媽媽會尊重妳們二個人的想法，希望妳們也要體諒對方，就像媽媽同理妳們的心情一樣，要學會自己做決定之前，也要好好練習彼此尊重啊！」媽媽仍然輕聲細語還不斷叮嚀二姐妹要幫忙拿書包，但二姐妹已經習慣媽媽跟在後面也忘了要尊重媽媽和體諒媽媽。

故事中的爸媽一定覺得是……

二姐妹就是這樣，愛吵又愛在一起玩，每次都為了小事鬧得不愉快。帶二人出去常要處理糾紛，真的很傷腦筋。二姐妹都大了其實都很懂事了，只是不夠體貼對方。我們尊重二姐妹的想法，鼓勵她們說出真正的想法與感受，所以都盡量避免嚴厲斥責，怕影響了她們未來的人格發展。

其實孩子只是……

雙胞胎一點也不好，每次都要輪流玩或是共享，什麼時候我們才能獨立。爸媽常說希望我們可以真正的「做自己」，可是做自己好難，不論在哪種情況下爸媽都還是會插手管我們的事。是不是真的要等我們長大才可以真正地做自己想做的事、決定自己的事情？

我們可以陪著孩子一起學習，一起成長！

父母似乎都誤解了「愛與尊重」的核心意義

每個孩子都期待長大後能脫離被限制、被管教，渴望能夠真正地做自己，而爸媽對孩子的期望也是如此，期望孩子能夠勇敢地做自己、表達自己的想法、追求自己的夢想並成為更好的人。但是「做自己」真的是什麼都不管只需隨心所欲地做自己想做的事那麼簡單嗎？

很多爸媽會問：「我那麼尊重孩子的想法與感受，但是卻得不到孩子的尊重，這是為什麼？」而我也常看到爸媽為了做好父母的角色而不斷去討好孩子，希望孩子感受到被尊重被認同。但是用討好的方式換取孩子的心，反而會讓孩子誤以為「我沒有錯，我本來就應該得到」而不懂得要尊重與感謝，爸媽用討好的方式尋求孩子的認同也會讓自己的內心充滿愧疚自責。

教養孩子的每一天，不可能永遠都是充滿歡笑的，偶爾也會有生氣孩子或是覺得孩子的個性怎麼會是這樣的徬徨不安時刻。但爸媽必須要承認孩子本來就可以不完美，所以才會需要我們給予正確的教導和愛，不是嗎？很多父母會以為，尊重孩子就是即使再生氣也要接受孩子的所有行為，而教養的無力感卻自己默默扛著，然後自怨自艾地過日子。

再多的妥協和討好，都無法換得真正的尊重和愛

我常和家長分享**越是親愛親近的關係越要設立好保護彼此的安**

全界線，親子關係亦是如此。教養孩子不用高壓地控制，但也不能完全放任，因為那根本是以愛為名又不想負責任的放縱教養方式。讓孩子擁有自由的人生，前提是孩子要學會自重才有能力應對未知的人生。在陪伴孩子時，請爸媽們試著問自己有沒有做到以下四點原則：

⭐ 做自己：不是放任孩子為所欲為，不用為自己的行為負責而去做任何想做的事。

⭐ 愛孩子：不是用愛就能夠融化錯誤，或是將所犯的錯全部都合情合理化。

⭐ 尊重孩子：不是凡事都照著孩子的想法，順從孩子的心意去討好。

⭐ 同理孩子：不是在同理孩子之後就不對孩子做任何實質的溝通與協助

孩子目中無人缺乏自律的能力，不完全是孩子的錯，而是父母在關愛與寵溺之間無法拿捏好分寸。

💙 從小就該給予規範，孩子發自內心的自律與自重才能真正幫助到孩子

自律與自重並不會在孩子的成長過程中一夕之間就發展成熟，這是孩子的自我控制與自我調整的能力提升，如何提升孩子的自我控制與調整能力不是孩子乖乖順從就能學會，更不是用討好的方式換取。教養，為什麼總是讓爸媽從滿心期待的最頂端突然墜落至失落的谷底？通常大部分的原因都是爸媽誤解其教育本質，或是忽略

了引導與練習的重要性而造成不良的惡性循環。

▶ 孩子為什麼我行我素？把爸媽的話當成耳邊風置之不理也不放在眼裡的原因：

1. 教養，不該將爸媽該有的權威完全拋棄，而盲目地用物質條件去討好孩子。

2. 爸媽的教養方式不同卻不做調整，導致孩子學習的方向變得模糊不清也無所適從，無法遵守規範。

3. 怕與孩子發生正面衝突，於是不敢和孩子做有效的溝通或總讓著孩子。

4. 強迫孩子要照著爸媽給的規範去遵守，讓孩子完全沒有自由呼吸的空間。

5. 忽略孩子的身心發展，常設定超出孩子能力且過高的規矩，導致孩子失去信心。

6. 用孩子喜歡也有興趣的方式幫孩子提升自制能力並設立明確有教育目的性的規範。

7. 爸媽是孩子學習的對象，當爸媽本身也做不到自己訂下的規範，孩子就會認為規範是可有可無的。

8. 當孩子該被指正教育時，總是把「沒關係」掛嘴邊，或直接幫孩子承擔所有錯誤。

教育不是種子，不能期望只要溫柔地用愛灑在孩子身上，孩子就能自己長得又高又大，從小就要開始一點一滴適時地給予規範讓孩子類化成自我管理能力才是真正的愛孩子。

♥ 教養總會有令爸媽抓狂不安與自我厭惡的時刻，這是正常的，千萬別灰心

人與人之間，所有好的關係都需要來自雙方的一起努力，才能維持良好又緊密的連結。但是親子關係中的父母與孩子又有點不太一樣，因為孩子在每個不同的發展階段中所展現的能力，不能用同一套標準去看待或是藉此要求孩子。

也因為這樣才讓教養充滿挑戰。爸媽不需要為了生氣孩子而自責，在教養孩子的過程中的確會有讓人不耐煩或是忿忿不平的時候，只是爸媽要先理解孩子為什麼會這樣並給予適當的協助，才能讓孩子學會自重、自律。給予孩子的愛是無可取代的，但也不能否認教養是家庭教育中最重要的部分，該教育的時候可不能失去原則放任孩子。在準備跨出這一步之前，請先放下高高在上的父母角色，去理解也感受孩子。年齡不同，教養方式也會有所不同，但唯一相同的都是希望孩子幸福。

♥ 1～4歲是孩子勇往直前的自我探索期也是爸媽追著孩子跑的抓狂厭世期

這個時期的孩子不喜歡被過度干涉，但可別誤以為是孩子講不聽、叫不動、目中無人，因為內在的動力正指引著孩子要勇往直前地盡情探索。在爸媽隨時看得到又安全合理且不影響他人的情況下可以讓孩子自由地探索，因為孩子非常需要透過探索來學習。

雖然這個似懂非懂的時期好像教了也做不好，但在這個時期就要開始幫孩子建立規矩，不過這年紀的孩子要遵守規矩基本上是不

可能一次到位的，所以爸媽在照顧上難免感到灰心都是正常的，此時一定要忍住想生氣的情緒並靜下來思考。孩子探索是對這個世界的認識，別輕易阻斷了求知的學習動機，耐心觀察孩子每個行為所連結的內在動機是什麼，進而藉此引導孩子該怎麼做。

　　我記得我的兒子2歲左右的自我探索期時，也是個勇往直前的寶寶，眼睛看得到、手摸得到的一切都難逃他的探索雷達。有一次他一直想拿大人用的陶瓷杯，但杯子易碎所以不會主動拿給他當玩具玩，可是堅持度高的他，無論我們怎麼轉移他的注意力，他仍對陶瓷杯充滿高度興趣。此時，我們在確認環境與安全的範圍內讓他拿取杯子，沒有想到他拿起杯子後，小嘴巴裡唸著「小心喔！」接著拿著杯子遞到我的嘴邊要餵我：「媽咪，給你喝喝啊！謝謝。」看著他當時的這個舉動，我們除了驚喜也感動。原來他一直想要碰觸我們不讓他碰的杯子是因為想要餵我們喝水，而且我們平時所認為的生活日常，他都學習著，也知道拿著杯子要小心。如果當時我們只是一味地阻止，或許永遠都不會知道他想拿水給我們喝的心意，可能也會因此誤認小男孩就是好動停不下來，而又對他貼上了一個難帶的標籤。

　　兒子在更小的時候，大約八九個月大的時候，是你爬我追的馬拉松時期。他在某一次看到了牆角的插座覺得很好奇又想要去探索，但插座雖然標榜著是安全插座，但對孩子而言是個超危險的物品，不可能也不可以玩。可是這麼小的孩子根本不會懂，一心只想著要突破重圍去探索，該怎麼辦呢？我對著兒子說：「危險！請離開這裡！」接著抱著他離開現場，但他又再次爬回來，我仍然重複剛才的話又再一次將他抱離現場。這樣的戲碼一天要上演個好幾回，但是過了幾天後他不再對插座好奇了，只要爬到插座的附近就

會突然坐下來指著插座看著我搖搖頭，接著就爬離開那個地方了。雖然那時的他不會說話，但是他已能用行動表達「我知道了」，所以才會指著插座對我搖搖頭又離開。

在孩子成長的居家環境中，我們從未裝設過防撞護條與安全圍欄，因為過度限制會阻礙孩子學習的機會。雖然我們也因此增加了不少照顧上的疲累，但孩子的成長只有一次不能重來，所以我們盡可能不去剝奪屬於孩子的學習機會。（註：防撞護條與安全圍欄的裝設，請依每個家庭的不同需求做調整。我在文中提到未裝設並不是說這些保護孩子安全的物件不好，而是在必要時（煮飯、洗澡……無法隨時看著孩子時的必要時刻）當然可以也一定需要使用，但不建議孩子一整天都被關在受限制在固定範圍內。）

這個勇往直前喜愛探索時期的孩子，對於指令是無法乖乖遵守的，爸媽必須把想傳達的意思清楚帶給孩子，一味地禁止與隱藏對孩子的學習沒有太大的幫助。把想對孩子禁止的事分二個層面來分析。舉例來說：「吃飯不可以跑！」這件事，爸媽第一要思考的是「跑」本身沒有錯，只是環境與當時的情境不允許跑；第二要思考的則是，「跑」這件事可以在何時做，並鼓勵孩子專注並完成吃飯這件事。

爸媽可以這樣說：「跑步很開心，你很喜歡對不對？不過嘴巴裡含著食物跑會嗆到造成危險，不要邊吃邊玩很危險喔！等你把飯吃完再休息一下，媽媽帶你去公園跑步喔！你準備好『跑』的能量要讓媽媽看了嗎？」

不可以、不能等禁止語句雖然字數少，但過多的禁止對於年幼的孩子來說反而較難理解，與其生氣破口大罵，不如和孩子多說話多點溫暖接觸，雖然孩子不一定全懂但經過每日不斷地實際情境練

習會慢慢了解的。

 ## 4～8歲是孩子思考爆炸的自我認知驗證期，
也是爸媽常覺得快崩潰的不耐煩期

經過了凡事充滿好奇的探索時期的孩子，其自我調整與控制能力也逐漸提升中，雖然還不是成熟到可以做到自律，但大部分的規矩都能明白也能夠遵守，對於每件發生的事都能有停下來思考的主動性。這個時期的孩子因為開始會主動思考，所以會想展現「我」的意識，常因為心中有很多爸媽總認為理所當然的疑問未能被一一解答到，又因為不知如何明確表達自己的想法，而常用自己的方式去求證心裡那些塞得滿滿的為什麼，因此造成別人的誤解也讓爸媽感到教養的挫敗，認為孩子明知故犯是故意的。當累積越多這樣彼此不理解的情緒，就忍不住會翻舊帳向孩子一筆討回，可是爸媽不論再怎麼嚴厲斥責，最後仍發現孩子的狀況沒有改善，就會開始懷疑孩子是不是哪裡有問題？！

最常發生的情況有：和孩子說上課要坐好、寫學習單時二隻手要放在桌上、東西要放在上面不要放在櫃子裡、回到家先寫完功課再休息……孩子像是把耳朵的聆聽功能全部關閉一樣，充耳不聞或是等一下又忘了，同樣一件事一唸再唸地一直重複真的很累，難怪爸媽會覺得不耐煩也幾乎快情緒崩潰。

以上每天都在發生的種種，其實真的不是孩子找麻煩要試探爸媽的底線，而是這時期的孩子會主動思考也正在自我驗證。爸媽說放學回家要先寫完功課再休息的這件事，沒有什麼好奇怪的，可是孩子需要求證「真的是這樣嗎」。為什麼功課要先寫完才能休息？

不能先休息再寫功課嗎？寫功課與休息的所需時間既然都是一樣的，那麼先做哪一項是不是應該都可以，只不過是順序不同而已不是嗎？我覺得這樣也沒有什麼不好，為什麼一定要照著爸媽的順序或想法呢？

這個時期的孩子也因為開始接受學校的學習，在自我思考求證與學習接受全新事物的矛盾下，孩子的心裡偶爾也會有衝突打結或是想不起某件事和某個原因，那其實就只是孩子真的忘記了不是明知故犯。但是在公共場合就和在家的狀況不太一樣，當訂下規矩也和孩子約定後，就要彼此雙方都遵守約定，「說到做到」不只用在孩子身上，爸媽也要確實執行，不能每一次都因為不同的理由而有所妥協或是去討好孩子。爸媽若是以這樣可有可無的方式教孩子，爸媽的誠信在孩子的心目中早已蕩然無存，更別說想要求孩子遵守規範，因為爸媽自己就做不到。

♥ 理解多一點，爸媽與孩子也會越來越幸福

希望爸媽都能試著用理解代替責罰的方式來協助這個階段的孩子，不去計較孩子又做錯了幾次；爸媽應該多多鼓勵孩子做對的次數，幫助孩子建立自信也有助於孩子的自我調整與控制能力的提升。

在安全無慮也能尊重他人感受的前提下，應多讓孩子多闖多試也鼓勵主動學習，因為孩子也渴望有屬於自己的行動與時間自由，而這樣的練習也能培養孩子的責任感。每日的作息流程如果沒有一定要照著必要的順序（刷牙一定是在吃完東西後、洗澡一定要在脫掉衣服後）進行時，只要孩子能夠在時間內完成就不要強迫孩子一

定要照著爸媽的順序，例如：可以先休息再寫功課。

　　不能否認在這個時期雖然常會被孩子提出的莫名疑問感到語塞與不解，那些我們認為很理所當然的事在孩子心中就像是一個人走在彎彎曲曲的路怎麼繞也繞不出來，拼命地要找出自己可認同的方向而跌跌撞撞造成親子之間磨擦。但其實在爸媽的心裡一定也有不少的意外驚喜，因為你會發現孩子怎麼好像突然就長大或又懂事了而默默感動著。

　　凡事滿足孩子像是有用不完的願望並不會讓孩子的未來幸福，懂事與自律也不會因為長大就自然地懂了。如果爸媽在教導與放任之間一直無法拿捏好，孩子長大後也無法有成熟的自我調整與自我控制的能力，反而會常常埋怨自己也埋怨整個世界。孩子能夠因為了解自己而做自己是成長過程中最珍貴的自我學習，但是在放手讓孩子做自己之前，一定要先學會自律和對自己的行為負責。

　　每個孩子的發展不同，不一定是在哪一個特定的年齡層就一定要達到所謂的標準，爸媽也不該拿不合理的標準來要求孩子全部都要做到，順著孩子的發展做適當的練習才不會揠苗助長、適得其反。

　　孩子若在爸媽長時間觀察引導協助下仍然無法遵守規範，就要更仔細觀察是否有任何其它外在的壓力因素或是生理心理的需求未被理解導致身心匱乏，造成行為有所偏差。這個時候爸媽就要尋求相關專業單位的協助一起幫助孩子，這才是真正對孩子的關愛和理解，千萬別悶著心裡的慌亂不敢求助，因為那會使人感到更加絕望。

孩子畫的作品鬼畫符？好想教他畫整齊才漂亮？

可不可以別再用分數或美醜來評斷孩子的心裡「畫」了，爸媽跟著孩子一起從畫中療癒內在

故事是這樣開始的……

故事一：

　　小柚（4歲／男孩）在爸媽旁邊專心地畫畫。爸媽的朋友們對於小柚能安靜不吵鬧地跟著爸媽很是稱讚，媽媽也摸摸小柚的頭稱讚他好乖巧懂事。

　　小柚畫完一張又接著一張的畫，完全沉浸在彩色的世界中，此時坐在對面的阿姨順手拿起一張畫，指著圖中央看似圓形的物件問小柚：「這團黑黑的是什麼啊？」

　　阿姨這麼一問也吸引了旁邊的叔叔阿姨們的眼光，大家正期待小柚會說出什麼奇幻的角色或是劇情。

「那是被擋住的太陽，所以暗暗黑黑的，大家才不會這麼熱！」小柚針對大家的問題回答。

「哪有太陽長這樣啦！也不像圓形啊！」

「太陽應該要是圓形的！」

「應該要是黃色或金黃色的。」

「你的太陽怎麼沒有笑笑臉？」

「不要畫黑色的，不好看，應該要選活潑一點的色調！」

「來，我教你。」

「小柚，要不要重新畫一張？」大家你一言我一句地指教，還將小柚的畫傳閱當玩笑。

媽媽發現小柚不開心的表情後安撫著：「沒關係啦！再重畫一張就好了！」

故事二：

若伊（10歲／女孩）帶回美術課的作品，興奮地向家人介紹今天的主題不同於以往有看得見的形象而是用色彩來表達「憤怒」，但家人一看到那人不像人的不知道是什麼的作品總覺得和「美」扯不上關係也覺得可惜，即使若伊的作品被老師認為很有張力很不錯，家人仍然不為所動。

「這看起來好不吉利！下次這種畫就不用帶回家裡來了，不好看！」奶奶連多看一眼都感覺害怕。

「若伊喜歡就好，反正畫畫好玩就好了，沒關係！好，妳先去洗個手，可以準備吃飯了。」爸爸把畫還給若伊。

故事三：

生活課，老師發下事先印好的物體描繪圖並交待著每個同學。

「要畫整齊，一筆一筆地塗在線和框裡面，不要拿黑色的，黑色不好看。」老師叮嚀著大家要避開暗色系的用色。

「哎呀！宜舒（7歲／男孩），你畫得好醜！怎麼有的粗有的細？這樣的畫是不會得到高分的！」老師很大聲地對著宜舒的畫唸著也希望其它同學注意。

「老師，為什麼這樣就是醜？」喜歡畫畫的宜舒心裡有著好大好大的疑問。

「因為不整齊，看起來很亂！」

故事中的爸媽一定覺得是……

生活在真實的世界，孩子的畫雖然天馬行空，但也要了解真實是什麼，而且我也沒說錯什麼吧？至於用色大膽這個問題，我還是覺得不要看起來很灰暗，因為帶給人不好的感覺。塗顏色當然要塗好才整齊，這樣才是賞心悅目的畫。

其實孩子只是……

我的作品代表我的想法和感受，不應該被你們評論得一無是處。每種顏色都能被賦予生命，而創作就是心裡的另一個我，爸媽可以不要再覺得那些都是鬼畫符嗎？不是看起來好看的才叫美！

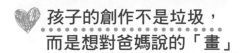

我們可以陪著孩子一起學習，一起成長！

♥ 孩子的創作不是垃圾，而是想對爸媽說的「畫」

創作與藝術是一種可以自由自在表達自己的方式，透過創作裡的線條、色彩、物體可以感受孩子當下的心境，更可以透過孩子的創作發現孩子的細膩與創造能力，這是最能夠直接讀懂孩子「心裡畫」也能增加親子交流的方式，只不過重視學科教育的臺灣爸媽總是以主觀的想法用批判否定取代認同。孩子的每件作品、每幅畫都一定有故事和特別的意義，孩子正邀請著爸媽理解。

▶ 創作是探索內在的旅程：認識自己找到自我

在凡事講求速度、科技的時代，人與人之間的距離被拉得好遠，就連內在的自我也常被非真實的外在世界所困惑著找不到自我價值，而透過畫畫創作的過程可以重新認識自己、重新建立新的連結和新關係。孩子內在的想法與感受不會有具體的形象，在小小的畫作裡有著滿滿的訊息等待我們去理解。我們更要握好孩子的手重新與孩子做連結，讓孩子的內心不再充滿懷疑並勇敢向前。

▶ 創作是享受心靈獲得自由的美：啟動專注力與敏銳度

不論是哪一種創作、塗鴉、肢體、音樂都是情感的流露，當孩子投入在創作時的專注神情和開心玩耍時的專注是完全不一樣的境界，創作時的心無旁騖讓作品更具生命力，孩子不用擔心規矩或是衝突，也不需要特別的技巧只要將心中的創意和想像用自己的方式清楚呈現，藉由創作開啟更多原本的不可能。

教育的路上不斷求新求變，藝術絕不能只為實用性而存在。藝術有助於孩子的發展，每個孩子都應該為自己盡情揮灑色彩找到屬於自己人生的色彩。

♥ 貶低無法激勵人心反而容易養成低自尊人格

大人們常常糾正孩子的畫或是用分數來評斷美醜，甚至取笑孩子的畫作，或許是大人想要藉此激勵孩子畫得更好或做得更像，雖然看似是無心的玩笑無傷大雅，但真正傷害到的是我們看不見的孩子的內心，因為孩子無法求證對錯只能接受批評。當批評已淹蓋過所有表達時，心門和情感也逐漸地關上，不願意溝通。

很多父母偏好用「貶低和比較」的方式試圖拉孩子往更好的方向前進，無法否認這也許對少部分的孩子有用，但效用卻只有表面顯現的那一瞬間而已，孩子的自尊早已千瘡百孔還拼命撐著，總認為自己很差勁配不上父母說的美好，連自己的需求都不懂得滿足且忽視自我。可怕的是，父母卻還以為自己用對了方法教出了乖巧懂事的孩子。

我的兒子很喜歡閱讀有色彩圖畫的書或是相關作品，在圖書室或是畫展裡可以待上一整天。四歲半那年他從一本美術圖書裡認識了一位知名畫家──孟克。孟克，是一位挪威畫家和版畫製作者，他的畫作主題具有強烈精神和感情，對於二十世紀早期的繪畫產生了極重大的影響。

他看著孟克最著名的作品〈吶喊〉，有了和以往不一樣的感受。「我也想知道孟克當時的心情，他覺得孤單或害怕嗎？」兒子這麼問我，同時也不明白為什麼這幅作品風格不同於以往常常看到的美麗與熱情呢？

「其實藝術是很抽象也很主觀的。當你把想法透過色彩或線條的方式呈現出來時，就不會是平時所看到的那些很正規的美。而「美」也不會是唯一的評價，有時候是一種被觸動而展現出來的感受。從那些作品中，我們能感受到作者想傳達的訊息或精神，就像媽咪看著你的畫，透過你畫作裡想要傳達的訊息感受你。」當時我對兒子這樣解釋著。

　　似懂非懂的他又再靠近了孟克的作品〈吶喊〉，仔細又認真地看了一會兒說：「我想我開始有點懂了！」那是兒子與孟克的第一次接觸與認識，沒想到卻也在之後開啟了他對色彩或畫作的不同欣賞角度，而這個部分是一個很美麗的意外，這個經驗珍貴且無價。

　　其實當時的我認為，對一個四歲半的孩子說這些，似乎有一點點對牛彈琴的感覺，不過真的不願意錯過孩子的每一個為什麼和疑問，所以每一次都有問必答，不會的也大方承認和孩子一起查閱一起討論，直到現在仍然是這樣。因為很喜歡也享受這樣的親子互動時光，更重要的是引導孩子思考探索的同時才發現原來一直都是孩子帶領著我們重新看這個世界，找回我們曾遺漏的那些美好。

　　父母啊，有時候我們必須學會檢討自己！希望在每一件不起眼的小事裡都能讓孩子得到啟發或改進，就不能再用理所當然的主觀想法去認為，因為那並不會是孩子真正的感受。如果我們總是太主觀地表達自己，忽略孩子天馬行空、有時不符合現實的想法，我們和孩子之間的距離可能會越來越沒有交集！

學才藝花錢又沒什麼幫助，不如補學科？

孩子真正的實力累積，
就在那些微不足道也沒用的興趣上

故事一：

媽媽帶著小星（10歲／女孩）用最快的速度吃完點心並趕著去上舞蹈課，進教室前快速地著裝穿上舞鞋等待音樂響起。女孩們揮動著柔軟的雙手並隨著節奏踏下每一個輕快的舞步，在教室外看著的媽媽眼裡滿是感動。

回家後小星和媽媽迫不及待地和爸爸分享在舞蹈課上被老師讚美的部分。

「爸爸，爸爸，我跟你說今天老師說我是進步最多的，下個月開始晉級每週上二堂課。而且我又長高了，舞衣要重新訂做，你看！」小星拿著已顯小的舞衣在身上比著，不過爸爸沒有說些什麼。

「妳們這樣趕來趕去不會累嗎？」爸爸關心地問道。

「不會啊！」媽媽和小星異口同聲地回答爸爸。

「舞蹈又不是重要的科系，學著好玩、開心就好，不要花那麼多時間在跳舞。英文不好怎麼不去好好加強？把錢省下來去補英文還比較實際！」爸爸還是不喜歡媽媽讓小星學舞蹈。

故事二：

媽媽和辰碩（9歲／男孩）早上因為路上發生了擦撞而錯過了英文檢定考。辰碩非常緊張，因為如果被爸爸知道就慘了。媽媽也預想到一定會有不好的結果，於是和美語班的老師們商量著先不要把這件事讓爸爸知道。

「辰碩的英文實力很不錯，等下次再考也不是問題，別擔心。」老師對辰碩有信心。

「唉，一言難盡！其實他們父子倆是用條件交換的。」媽媽看著辰碩嘆了口氣。

「因為爸爸不讓我學跆拳道，他認為那個沒什麼用，強身只不過是招生的話術。但我真的很想學，所以爸爸要我學好英文就能學跆拳道。」

「爸爸很在意辰碩的功課，根本不想辰碩學無關課業的才藝。如果讓爸爸知道今天沒有考上檢定考，肯定翻臉，跆拳道就更不用想了。」媽媽摸著辰碩的頭也煩惱著。

故事中的爸媽一定覺得是……

我實在是不懂每天衝來衝去趕到連吃飯都不能好好地吃，就只是為了上才藝課，是不是太瘋狂了？把重點放在才藝上根本就是本末倒置。該加強的不加強去跟什麼流行，學那些半調子才藝一點也不專業，將來能幹嘛？還是好好把自己本分的課業做好最重要。

其實孩子只是……

對我們來說學習分二種，一種是不得不學而另一種則是因為熱愛而學。每個人的爸媽都覺得做好學生最基本的事就是把課業學好，如果還有餘力就再強化自己的學科能力。如果有一天，每個小孩都能因為熱愛而學那該有多好！

我們可以陪著孩子一起學習，一起成長！

還陷在「學才藝」的迷思裡嗎？
其實那並不是才藝

父母常會問「要學什麼才藝」、「要不要學才藝」、「哪種才藝比較不會影響課業」等問題，我也有遇過爸媽二人的意見不相同無法達成共識而讓孩子在學與不學之間困惑著。到底是為了自己還是為了父母而學的問題有時候連父母都搞不清楚，因為總是替孩子預設了很多的立場，好像先學起來總是比較保險。

究竟什麼是才藝？是一技之長嗎？才藝聽起來好像要學到專精也到達一定的專業程度才有資格稱之為才藝？爸媽要孩子學才藝多半都是有目的性的，而不是給孩子自由的選擇空間去體驗和了解自己是不是喜歡、適不適合。其實只要能促進兒童身心健康發展的活動與課程，在孩子體力與各方面都能負荷的情況下，是非常鼓勵孩子嘗試參加，孩子身心健全發展比學會多少才藝還更重要。

學才藝真的不是練就一身令人羨慕的才藝，而是一項能以最自然最舒服的方式讓孩子有不同的啟發、引發學習動機，同時也能抒解孩子壓力、陶冶性情、靜心的──「興趣」。總是為了比較誰多才多藝怕輸怕能力不足而學的才藝，說穿了也只是徒增孩子的學習壓力。

「興趣」可以有很多種，沒有一定要做到一百分，因為興趣是發自內心的喜好並不是考試。興趣是在任何時候與各種經驗裡體會到對事物的熱愛，並非憑空想像或是靠聽說就能確定。任何不同領域的接觸都能開拓孩子的視野，幫助孩子在人生的道路上累積經驗與實力。

因為喜歡而堅持的興趣，反而獲得更多意想不到的啟發與能力

發現興趣摸索嘗試的過程，除了耐心也需要時間與金錢。在找到真正喜愛也樂此不疲的興趣之前，也要拿捏好生活作息和現實的經濟問題，總不能為了滿足孩子所有的興趣，而讓龐大的學費壓力壓垮家庭生活和親子時光。

就舉我兒子的例子來說，他什麼都喜歡什麼都想嘗試，但有時候只是他自己覺得「應該」會喜歡，實際真的去做了之後，才發現並沒有很喜歡。但我們並不會因此數落他三心二意或是浪費時間，反而在這探索自己喜好的必經過程中，他領悟到實力並非一蹴可幾，需要用心地長期細心灌溉。

兒子在小一的階段裡選了許多感興趣的活動，但經過實際的考量下，最後選擇了羽球、魔術桌遊、音樂。這些他有興趣的課程裡其中有二項剛好在每週四，可想而知在放學後又要接連著上完二堂課，回家後還要把學校功課完成一定會很累，所以在一開始的時候就和兒子告知與溝通，但兒子每個都不想放棄很堅持要參與課程。然而結果卻不是兒子當初心裡想得那麼容易，在剛開始的前幾週他真的適應不良更為了趕完功課而大哭。我們沒有責怪他當初堅持而做下的決定，因為這也是一個責任感學習的機會，我們關心他也和他討論著是否需要重新調整和規畫。

「不要！我還是想上，因為我很喜歡上課帶給我的快樂。我要再試試。」兒子連考慮都沒有就馬上回答我。

就這樣過了大約5、6週的某一個週四，和往常一樣我到校接他，那一天兒子在校門口看到我的那張笑臉和平常很不一樣。「我今天不用趕功課喔！」兒子邊跳邊對我說。

「今天沒有功課嗎？」我問。

「有啊！今天功課很多，但是我在學校寫完了。我利用下課的時間慢慢寫完的，這樣回家後就不用著急了。」

接著又有一次在羽球課時被小學長要求整堂課都要負責撿球而悶悶不樂，進而主動與小學長溝通協調其團體合作與活動應用事項等。每一次都讓我們覺得很不可思議，以前那個常會説「我不會」、「我不敢」的小男孩，在喜愛的興趣裡找到了自信也學習到如何調配運用時間、面對事情如何應對、如何用「尊重」處理人際關係，也在反覆的練習裡，培養了高度的專注力和感受與不怕失敗的持續堅持。以上種種都因為在這一年的「興趣」裡，他樂於學習開始追求自我實現，也學到了很多學校裡沒有教的能力和體驗。

這麼辛苦，為什麼小小年紀的他要堅持？因為喜愛也因為那是一股支持他的動力和能量。在喜愛的興趣裡找到真正的自我，讓孩子的學習動機拓展得比原來更寬闊、更有趣。「興趣」可給予孩子不同的思考方向和啟發，學與不學之前一定要和孩子溝通討論、不要事事由父母自行作主，父母喜歡的不一定是孩子喜歡及需要的。體適能、運動方面的活動只要孩子身體健康、體力能負荷可以做適量的安排規劃。需要不斷練習精進的課程例如音樂、外語等，請視孩子本身的能力與學習狀況做適度調整，更要有足夠的時間讓孩子練習增加成就感。

讓孩子真正享受快樂與成就，而不是為了永遠追不完的進度而拼命練習。興趣並非學得越多越厲害，每個孩子的學習與吸收能力不同，不須強迫孩子到達最高目標。讓孩子找到自己喜愛的興趣，是希望孩子能夠凡事充滿積極的態度，對自己的人生負責，才是真正誰也帶不走的能力。

有爭執是正常的，別忘了事後給孩子滿滿的安全感，
也給疲憊的自己一個擁抱！

不要害怕爭執，因為爭執也是溝通，
讓親子關係越來越靠近

每個屬於我們的故事背後都有一個想被理解的你……

孩子感受到父母的愛，同時也正承受著不安

　　父母總是無微不至地照顧孩子，也常以此向孩子討回更多的報答。更多的父母會說給予尊重並接納孩子的一切，但是有多少接納是基於口是心非的忍耐呢？真正的接納並不是口頭上應允而心裡頭卻充滿怨恨，當一切超出了父母忍耐的最後底限時又轉過頭來責怪孩子忤逆不孝。

　　在歡喜迎接孩子來到這個世界之前，父母內心原本那股堅不可摧「想做個最好的父母」的理想隨著孩子長大也逐漸變成了禁錮自己的牢籠，不明白「愛」為何在成為父母之後就開始了各種為難和控制，又經常在親子關係中綁架彼此。父母把自己逼到最痛苦的深淵不是因為誰，而是因為不夠信任孩子。父母的內心總是存在太多不切實際的期待，以至於無法真正地接納孩子和別人不一樣。這是父母心裡一直以來的困惑，這些困惑也許是成長中的遺憾，也許是自我認同感不足，所以急著想介入也想改變孩子的想法卻總發現事與願違。

我最常收到父母抱怨孩子的訊息與信件，內容全是孩子不乖、不上進、講也講不聽、這樣下去以後別指望孩子等的負面敘述。我能理解父母的辛苦與擔心，但在細問之後就會發現孩子並沒有如父母形容得那樣一無是處，只是被求好心切的父母放大了細節。慢慢安撫父母後可以理解這些「怨」其實都源自於父母內心的恐懼與不足，所以強烈地把「一定要更好」的不足感投射在孩子身上，讓孩子困惑失去自我並帶著這樣的創傷成長也害怕回家，所以總在說晚安之後才敢回家。（你知道嗎？父母常嘮叨著孩子晚歸是因為愛玩沒有分寸，其實有時是孩子想逃避。）

　　在成長的過程中，那些不好的經歷如果一直沒有辦法被理解和釋放，內心的焦慮不安並不會隨著歲月消逝反而加重了恐懼，讓「心」被長期累積無法清除的壓力擠壓到變形也影響家庭、生活、想法，甚至不自覺地投射到家人、朋友、孩子的身上並且不停地惡性循環讓生活更難。

　　大家可以很容易地在書裡、在網路上找到很多與自己的過去和解相關的資訊，和自己和解當然重要。過去不好、無助的經歷已經發生，無法回到過去重頭來過，要說出「釋懷和原諒」哪有那麼容易。但是在這裡我想要告訴每個爸媽，那些不好經歷的發生並不是你／妳的錯，不需要強迫自己一定要立即地去原諒去釋懷，那只會讓自己更加無助。放下一直執著於現在會這樣都是因為過去的想法，才會有更多的思考空間帶著自己學會面對並找到適合自己人生的解法。雖然過往的經歷造就了我們，但這也表示我們可以用新的經歷來創造新的屬於自己的人生，因為人不是為了過去而存在，翻過艱深的那一頁後就能夠開始寫下美麗的章節。

工作與孩子，我們到底該怎麼做選擇

　　有時候會遇到媽媽問我，到底要不要回到職場或是當個全職媽媽，可是這個問題的答案其實都在媽媽自己的心裡放著等待。這個問題其實沒有所謂的正確解答，因為無論是哪一種選擇都沒有對錯，每一種選擇都一定是經過深思熟慮思考過後才決定的。雖然選擇職場會縮減陪伴孩子的時間，但媽媽能學著將陪伴的「質」濃縮成精華；全職在家教養孩子的媽媽雖然全天候的陪伴，但每天和孩子綁在一起又真的能為孩子帶來正面影響嗎？把時間塞得滿滿也未必是真正的陪伴。

　　生養孩子並不是扮家家酒，遊戲裡可以任意依照需求或劇情改變將角色責任隨時對調，更可以輕鬆地將不要的物品剔除更新補上，但真實的育兒教養路上，可不像扮家家酒那樣機動性高、隨時都能配合密切的啊！一路上可是處處難為充滿考驗。有些全職媽媽因為全心陪伴而忘了讓自己喘息，又在不知不覺之中將「怨」丟在孩子身上；有些職業媽媽因為無法全心陪伴而產生極大的愧疚感，導致無法專注於工作；也有一些媽媽因為「社會對媽媽的傳統期待」而對自我產生矛盾更是無法鬆懈，把「媽媽」當成人生唯一目標，用只許成功不准失敗的意志鞭策自己也為難自己。

　　回職場或是在家帶小孩等選擇當然也包含很多不得不的現實面，但家庭裡最關鍵的核心是「關係」，可偏偏關係最需要時間來灌溉，這環環相扣的每一個家庭成員都應該設法應對。如果主要照顧者（爸爸或媽媽），對於自己的決定無法堅定，時時抱著遺憾勉強應對，常把不快樂不自由的原因歸咎於無反駁能力只能默默接受的孩子，那麼家庭關係就會因此嚴重變調，原本的愛就慢慢變成情

緒勒索，關懷變成了控制，接納變成了不得不，付出變成了怨恨。
這是在許多家庭裡可以看到的真實狀況，所以該如何避免，並非只
要做好選擇就會萬無一失，這需要爸媽願意先面對自己真實的想法
才能真正地去克服內心的矛盾。這樣一來，如何選擇也就不會是棘
手令人痛苦的問題了。

♥ 一定要有「每日家庭感謝與談心時間」 從今天就開始吧！

父母常常在要求孩子後又感到不安，擔心會被孩子討厭或深
刻感到父母的存在感變得薄弱而用最快捷的方式達到要求的目的，
盡量避免不必要的衝突與爭執。這聽起來很有道理，但有沒有覺得
不太真實呢？因為少了溝通的途徑要如何讓愛連結呢？雖然衝突會
引發各種情緒，不過透過這些溝通方式更能理解彼此的困難，找出
問題一起面對、一起協商。每一次衝突和爭執後，都要好好地和解
與擁抱，讓結果具有正面意義而非只剩下情緒。衝突與爭執有時還
能增進親子關係，因為透過衝突才能讓彼此了解無法喘息的部分是
什麼，要在溝通裡學習互相尊重並給予信任。

從現在開始放下手中的3C，每天撥出一定的時間和孩子一起
聊聊檢視自己、感謝自己、學會愛自己。自從結婚後，我和先生每
天都一定會在睡前的10～20分鐘聊聊當天的開心與不開心，做自
我檢討與覺察，兒子出生後也持續著一直到現在。從原本二個人的
談心到兒子的加入後，家庭談心時間變得更不一樣，多了溫暖和滿
滿的感謝。

我想沒有人一出生就註定是個壞孩子，成長的過程中會遭受
各種不同的因素而影響發展，我們不能再無視於這些可以改變的能
力，還總是覺得那又沒什麼大不了。「人非聖賢，孰能無過」，每

個人都會犯錯，父母與師長也會有犯錯的時候，只不過常礙於高高在上的指導者身分不願意承擔自己的錯，這個荒謬的想法是現代父母應該要學習調整的。父母和師長如果有錯可以轉換調整，這絕對不會讓顏面盡失或是尊嚴損傷，反而讓孩子感受也教導孩子尊重與被尊重的深度表達。

　　教養最好的方式就是「慢」，在慢裡才有機會看到孩子的困難也找到父母內在的不安。孩子真的不是愛找麻煩，而是需要我們的協助和理解。單一的速成教養法無法給予每個獨一無二的孩子真正的需要，孩子也會因為慢慢失去自覺察和探索的能力而焦慮困惑。

　　感謝孩子，因為透過孩子的世界我們反而學會也得到了更多愛。在教養的路上可以用愛連結更多幸福也相信孩子有克服的能力，就讓我們陪伴孩子一起跌倒、一起哭、一起笑、一起學習成長。尊重每種不同且合理的教養方式，與孩子互動，只要用心投入你的愛和想法並找出最適合孩子的方式，那就是最好的教養方式，也是你和孩子之間最動人的互動。

♥ 親子間不用說出來的默契其實不用刻意培養

　　家庭生活一定是忙碌多過於悠閒，在兼顧家庭與工作時總也會有被卡得寸步難行或瀕臨崩潰的時候，但也別把忙碌當作理所當然而隨便地打發孩子。

　　人不可能完美，凡事也不可能面面俱到，適時地和孩子溝通並給孩子一點時間，相信孩子一定會懂也會理解。這是一種「親子間不用說出來的默契」，孩子更加可以感受到「原來，我也幫得上忙」、「原來，我也可以」的成就感而增加對自己的信心，對家庭也更有歸屬感。生活再忙碌也要懂得學會照顧自己、愛自己。每天請記得一定要感謝孩子的幫忙，也謝謝自己總是這麼地努力。

後記
寫給兒子的一封信

給親愛的寶貝努努：

　　辛苦你了，這幾年常常讓你為了我擔憂和傷心。在別人眼中雖然都認為你總是貼心懂事，但在媽媽的心裡卻是抱歉和不捨，心疼小小年紀的你就承受了這麼多巨大的壓力。對不起，也請你別再擔心，未來不論如何我們會一起面對，不會讓你孤單一人。

　　當你還在媽媽肚子裡的時候，發生了一件比魔法還要神奇的事，就是媽媽的身體突然被定住不能動了。沒錯，這嚇壞了所有人也包括我自己。一直到現在，媽媽都不知道這「魔法」名稱為何，只知道是因為懷孕引起的罕見症狀，目前台灣和國外文獻上並沒有相關的病史可以查，所以沒有太確切的病名，醫師叔叔阿姨們對此也很頭大。只能評估為媽媽體內的免疫系統誤以為胎兒是外來病毒要啟動攻擊，但免疫系統卻錯亂攻擊成自己的神經，所以導致媽媽全癱，無法動彈。這樣的狀況很稀有也很罕見，但卻也因此讓你在還未出生時就要背負許多責任。雖然這個很神奇的魔法到現在仍然沒有解除的方法，未來這個不能動的魔法仍有可能在任何時刻再次施展，而你可能會繼續聽到有關於「媽媽應該是你的責任」、「要好好孝順媽媽」之類的話語而感到自責，但是媽媽想要告訴你，不論是誰都沒有權利做批判，而這一切也不會是你的責任，更不是你的過錯。

親愛的寶貝，我永遠記得你健康平安出生的那一刻，我有多幸福。排山倒海而來的感動、激動與止不住的淚水完全掩蓋了身體所承受的所有病痛，那一個瞬間連呼吸的空氣都瀰漫著幸福的香氣，我真的覺得我是世界上最最幸福的媽媽了。雖然我也曾經因為被施展了不能動的魔法，無法將剛出生的你擁抱在懷中而傷心，在看著你哭泣卻連幫你抹去眼淚的能力也沒有時懊惱自責。因為我好害怕會失去你或是沒有辦法陪著你長大，常常害怕得掉眼淚也不敢入睡，那個時候我真的一點辦法也沒有。

　　後來有一次，你的外婆和姨姨為了滿足我很想抱抱你的心，將你用背巾環抱綁在我的懷中，讓我也可以有緊緊擁抱你的幸福。我看著小小的你，即使睡著了也還是好努力地散發出生命力的味道，我突然發現，原來我總是害怕失去未來、失去孩子也不斷地憂慮著要自己做好心理準備，但其實我像無頭蒼蠅般到處亂撞而心中的恐懼也被越撞越大，直到我再也無法負荷而崩塌。慢慢地我意識到既然來不及準備也無法逃避就只剩下面對了，一直以來我所抗拒的是「面對」，而我必須反轉恐懼才有機會看到不一樣的未來。

　　看著醒來後的你緊緊握住我的手，那雙對我笑的眼睛與純真的臉龐，從那一刻起，我多了從未擁有的勇氣。是你讓媽媽學會面對，謝謝你成為媽媽的勇氣。

　　親愛的兒子，我無法給你你想要的未來，也不會希望你將來要成為什麼樣的人，因為你會慢慢找到屬於自己真正的方向，我知道如此細膩和勇敢的你已擁有足夠面對未來的挑

戰和繼續前進的勇氣。我更相信你絕對有能力和意志力成為你想要的自己並為你自己的人生目標努力著。凡事用心，無論是多麼小的一件事，都可以變得更不一樣。不必被世俗約束，你就是你，而媽媽也不會是你的牽絆，媽媽會是你前方的那束微光默默地守護支持著你。

在你成長的這一路上遭遇傷心與失敗是人生中必定會經歷的事。當你真的遭遇了，我會替你感到開心。因為這樣你才能感受到人生是充滿挑戰和希望的，只有在這個時候你才有機會去重新思考、重新出發，而不是渾渾噩噩地過每一天。

有句話也許不重聽但媽媽還是要告訴你——有時候用盡全力也不一定會改變事實或是得到所謂的答案，但是不論有多難過，你要記得能幫助你的只有你自己，對自己的人生負責就是善待自己最好的方式；人總是要真真實實地經歷這一切才算是真正的活著，人生也會更有意義。人生不可能一帆風順，一定也會有跌倒受傷的時候，即使生氣了或是哭泣了也沒有關係喔！因為媽媽一定會陪你一起渡過再站起來，給你很多力量，就像小時候的你緊緊牽著媽媽的手說：「不要怕，我會一直陪妳和等妳，妳一定會好的！」

這一年裡，你因為不捨媽媽化療掉髮而決定要留髮捐給我的心意讓媽媽非常地感動。雖然媽媽的頭髮會在治療結束後慢慢留長，但你仍然堅持要把愛轉贈給其它更需要的孩子，即使留長髮的過程中難免被誤會或是被取笑，但你仍然堅持著這份心意，這樣的你實在令人動容。親愛的努努，謝

謝你，你真的很棒！媽媽真的感到很驕傲！

　　告訴你一個小祕密，這封信在你出生後我就開始寫了。你知道嗎？媽媽以前常想著美好的未來，這個夢想裡有好多的最美好與最幸福，我也努力地想要去實現，因為那曾經是我所認為的美好與幸福。但是，自從你來到了我的身邊做我的孩子後，從前那個一直期待的幸福就瞬間失去了光芒，因為有了你，媽媽才深刻地體悟到「能夠擁有每一個現在」是多麼不容易的事。即便只是一個微微的笑容或是聽你討抱抱時的哭聲，都能讓幸福突然亮了起來。這微小的幸福瞬間讓感動包覆著每顆眼淚，暖暖地流下也融化了我害怕失去的恐懼。

　　我們的家庭故事有歡笑有幸福也有無奈和難過，雖然有些艱難但卻不是絕望，所有好與不好的點點滴滴都將匯集成最深刻的記憶，因為「我們」一直都在。

　　我最親愛的努努，謝謝你讓媽媽的時間變慢了，讓媽媽找回真正的自己！此時我在擁有你的幸福裡一步一步慢慢地前進並且越來越進步，每一步都無所畏懼。

　　親愛的努努，謝謝你這麼努力地來到我的身邊做我的孩子。我能夠成為你的母親豈止是幸福而已。是你給我勇氣也讓我學會如何面對來不及準備的人生。謝謝你，我愛你。

 覺得你真的很棒很酷的媽媽

親子教養 010

微慢式教養

「慢」下來，爸媽才能理解孩子，也能在「慢」裡找到自己

和孩子感受成長路上每一個「慢」的過程

作　　者	微微老師（李祐萱）	
顧　　問	曾文旭	
社　　長	王毓芳	
編輯統籌	耿文國、黃璽宇	
主　　編	吳靜宜、姜怡安	
執行主編	李念茨	
執行編輯	陳儀蓁	
美術編輯	王桂芳、張嘉容	
封面設計	西遊記裡的豬	
內頁插畫	張允騰（努努）	
文字校對	菜鳥	
法律顧問	北辰著作權事務所　蕭雄淋律師、幸秋妙律師	

初　　版	2019年10月
出　　版	捷徑文化出版事業有限公司─資料夾文化出版
電　　話	（02）2752-5618
傳　　真	（02）2752-5619
地　　址	106 台北市大安區忠孝東路四段250號11樓-1

定　　價	新台幣280元／港幣93元
產品內容	1書

總 經 銷	知遠文化事業有限公司
地　　址	222 新北市深坑區北深路3段155巷25號5樓
電　　話	（02）2664-8800
傳　　真	（02）2664-8801

港澳地區總經銷	和平圖書有限公司
地　　址	香港柴灣嘉業街12號百樂門大廈17樓
電　　話	（852）2804-6687
傳　　真	（852）2804-6409

▶本書部分圖片由 Shutterstock、freepik圖庫提供。

捷徑Book站

現在就上臉書（FACEBOOK）「捷徑BOOK站」並按讚加入粉絲團，
就可享每月不定期新書資訊和粉絲專享小禮物喔！

http://www.facebook.com/royalroadbooks
讀者來函：royalroadbooks@gmail.com

國家圖書館出版品預行編目資料

微慢式教養：「慢」下來，爸媽才能理解孩
子，也能在「慢」裡找到自己／微微老師（李
祐萱）著. -- 初版. -- 臺北市：資料夾文化，
2019.10
　面；　公分（親子教養：010）
ISBN 978-957-8904-79-8（平裝）

1. 親職教育　2. 子女教育

528.2　　　　　　　　　　　108006861